Como investir em metais preciosos

MICHAEL MALONEY

PAI Rico PAI Pobre
Guide to Investing in Gold and Silver

Como investir em metais preciosos

Tudo o que você precisa saber para lucrar com ouro e prata

Tradução e Revisão Técnica
Eliana Bussinger
Autora dos livros *A dieta do bolso* e *As leis do dinheiro para mulheres* e colunista dos sites www.mulherinveste.com.br, www.vyaestelar.com.br e www.infomoney.com.br

4ª tiragem

ELSEVIER

CAMPUS

Do original: *Guide to Investimg in Gold and Silver*
Tradução autorizada do idioma inglês da edição publicada por Business Plus – Hachette Book Group
Copyright © 2008, by Michael Maloney

© 2009, Elsevier Editora Ltda.

Todos os direitos reservados e protegidos pela Lei nº 9.610, de 19/02/1998.
Nenhuma parte deste livro, sem autorização prévia por escrito da editora, poderá ser reproduzida ou
transmitida sejam quais forem os meios empregados: eletrônicos, mecânicos, fotográficos, gravação
ou quaisquer outros.

Copidesque: Shirley Lima da Silva Braz
Revisão: Edna Cavalcanti e Roberta Borges
Editoração Eletrônica: Estúdio Castellani

Elsevier Editora Ltda.
Conhecimento sem Fronteiras
Rua Sete de Setembro, 111 – 16º andar
20050-006 – Centro – Rio de Janeiro – RJ – Brasil

Rua Quintana, 753 – 8º andar
04569-011 – Brooklin – São Paulo – SP– Brasil

Serviço de Atendimento ao Cliente
0800-0265340
sac@elsevier.com.br

ISBN 978-85-352-3391-9
Edição original: ISBN 978-0-446-51099-8

Nota: Muito zelo e técnica foram empregados na edição desta obra. No entanto, podem ocorrer erros
de digitação, impressão ou dúvida conceitual. Em qualquer das hipóteses, solicitamos a comunicação
ao nosso Serviço de Atendimento ao Cliente, para que possamos esclarecer ou encaminhar a questão.
   Nem a editora nem o autor assumem qualquer responsabilidade por eventuais danos ou perdas a pessoas
ou bens, originados do uso desta publicação.

CIP-Brasil. Catalogação-na-fonte
Sindicato Nacional dos Editores de Livros, RJ

M222p	Maloney, Michael
	Pai rico : como investir em metais preciosos : tudo o que você precisa saber para lucrar com ouro e prata / Michael Maloney ; tradução: Eliana Bussinger. – 1.ed. – Rio de Janeiro : Elsevier, 2009.
	– (Pai rico)
	Tradução de: Guide to investing in gold and silver ISBN 978-85-352-3391-9
	1. Ouro – Compra. 2. Prata – Compra. 3. Investimentos. 4. Finanças pessoais. 5. Metais preciosos. I. Título. II. Série.
09-3445.	CDD: 332.6328 CDU: 336.761

Para meu pai,
Jerry Maloney
(1923-1986),
que instilou em mim o espírito empreendedor.

Para
Robert & Kim Kiyosaki
Obrigado por desafiarem as pessoas a serem
mais amanhã do que são hoje.

Agradecimentos

Gostaria de expressar minha gratidão à minha mãe, Mae Maloney, por seu encorajamento, e à minha irmã, Pamela Maloney, por me apresentar Robert Kiyosaki. Gostaria de agradecer a Cameron Hamza, que me iniciou na estrada dos metais preciosos; meus sócios, Brent Hames e Richard Beers, por seu apoio a esse projeto; meus editores, Jake Johnson e Leila Porteous, por transformarem este livro em uma leitura agradável; Blair Singer, por me ensinar a construir uma equipe de sucesso; James Turk, da GoldMoney, por seus insights; meu amigo David Morgan, da Silver-Investor.com, por seu apoio e ajuda; Kelly Ritchie, Ken McElroy e Garrett Sutton, pela inspiração; e Mona Gambetta e a equipe da The Rich Dad Company, por tornarem tudo possível. Para todos vocês, um forte abraço. Obrigado.

Ao Leitor

Este livro se destina a fornecer informações gerais sobre o assunto em questão. Entretanto, leis e práticas variam muito de um país para outro e estão sujeitas a modificações constantes. Como cada situação factual é diferente, devem-se procurar aconselhamento e orientação específicos para cada circunstância. Por essa razão, aconselho o leitor a procurar um consultor ou agente financeiro no que diz respeito à sua situação específica.

O autor tomou as precauções necessárias para a preparação deste livro e acredita que os fatos aqui apresentados são precisos até a data em que foi escrito. Entretanto, nem o autor nem a editora assumem qualquer responsabilidade por erros ou omissões. O autor e a editora não se responsabilizam pelo uso ou aplicação das informações aqui contidas. As informações não servem como aconselhamento legal para situações individuais.

O Autor

Desde 2005, Mike Maloney tem sido *advisor* em metais preciosos para Robert Kiyosaki e tem palestrado pelos Estados Unidos sobre os benefícios dos investimentos em metais preciosos. Estudioso de Economia, Mike é reconhecido como um especialista em ciclos econômicos e capitalização das oportunidades por eles oferecidas.

Como empresário, Mike está envolvido com vendas, manufatura e produção de exposições há mais de 20 anos. O revolucionário design de estéreos de Mike está à mostra no Royal Victoria and Albert Museum, em Londres.

Desde 2002, Mike vem se especializando em educação de investimentos em ouro e prata, e tem tido o privilégio de interagir com líderes influentes dos governos e das academias.

Mike é dono e fundador da GoldSilver.com, um *dealer* de ouro e prata, on-line, especialista em vender e facilitar a custódia de ouro e prata.

Apresentação

Conheço Mike Maloney há algum tempo. Uma coisa que sempre escuto as pessoas dizerem sobre ele é: "Aí está um cara inteligente." A razão para dizerem isso é o fato de Mike saber muitas coisas – e devo dizer, *muitas coisas!*

Muitas pessoas conhecem os fatos, mas o que diferencia Mike das demais é sua incomum habilidade de conectar os pontos. Mike não é apenas uma pessoa inteligente. É um visionário que coleta uma imensa gama de informações e encontra nelas padrões úteis e importantes.

O livro que você tem em mãos cobre um período enorme da história. Especificamente a história do dinheiro ou, como Mike gosta de lembrar, a história do dinheiro *e da* moeda corrente, que são coisas completamente diferentes. Nas próximas páginas, você descobrirá como a interação entre dinheiro e moeda corrente determinou o rumo de impérios ao longo do tempo. E sim, também guia o grande império americano nos dias de hoje. Você verá como essa conduta afeta você e seu bem-estar econômico, e aprenderá a usar isso a seu favor.

Mas Mike não é apenas um historiador. É um especialista. Especificamente, um especialista em ouro e prata. O foco de Mike na história tem uma razão muito importante – enriquecer você.

Mike vê a mesma coisa que tenho visto por um bom tempo: o capitalismo nos Estados Unidos está seriamente doente, em coma, na unidade de tratamento intensivo, bem perto da morte. Nosso problema é uma moeda tóxica que fragiliza a vitalidade de nossa economia.

Enquanto escrevo estas linhas, o preço do ouro está flertando com a marca de US$1 mil. E, ainda que eu esteja animado ao ver que o ouro que comprei a US$300, há bem poucos anos, está valendo três vezes mais, também estou triste.

Você deve imaginar que estou ficando louco ao dizer isso. Como posso estar desapontado com esses retornos substanciais em meus investimentos? É porque entendo que, quando o preço do ouro e da prata sobe como está acontecendo, isso significa que o capitalismo está tropeçando. E quando isso acontece, as pessoas que trabalham arduamente perdem dinheiro diariamente. Perdem suas poupanças de uma vida inteira. Suas casas são tomadas pelos credores, suas reservas para a aposentadoria se desvalorizam. Enquanto isso, o governo usa o dinheiro para salvar grandes empresas.

E não apenas isso, preços crescentes de ouro e prata também sinalizam aumento de inflação, algo que Mike aborda em detalhes. O que isso significa para mim e para você é que o preço do leite vai continuar a subir. E o preço da gasolina também. Significa que as coisas básicas das quais dependemos ficarão mais caras enquanto o poder de compra diminui. Significa que estamos mais pobres a cada dia.

Por isso, rezo para que o preço do ouro não atinja os US$5 mil a onça. Torço para que o dólar saia do coma e se recupere, e sonho com o dia em que o governo seja novamente parte de um sistema que é do povo, para o povo e pelo povo, e não como Mike coloca sucintamente, "dos banqueiros, para os banqueiros e pelos banqueiros".

Mas depois que você terminar de ler este livro saberá, assim como eu, que as coisas não funcionarão dessa forma. E é por isso que o trabalho de Mike é importante. Ele fez disso sua missão, educar tantas pessoas quanto seja possível sobre o que ele chama de "a maior transferência de riqueza da história". Neste livro, você aprenderá não somente a investir em ouro e prata, mas também por que é imperativo, para sua saúde financeira, que você o faça – e agora.

Em *Pai Rico: Desenvolva sua inteligência financeira*, escrevo sobre a importância de entender a economia de hoje. Não é o dinheiro que enriquece você, mas boa informação e QI financeiro bem desenvolvido. Muitas pessoas são inteligentes, mas poucas têm bom QI financeiro.

Mike tem ótimo QI financeiro. Você se dará bem se prestar atenção às suas palavras e a seus alertas sobre tempestade econômica e transferência de riqueza.

Leia o livro com atenção. Você não vai se arrepender.

Robert Kiyosaki

Prefácio

Acredito que a maior oportunidade de investimento da história esteja batendo à sua porta. Você pode abri-la ou não... a escolha é sua.

Um padrão tem se repetido continuamente, nos últimos 2.400 anos, em que os governos desvalorizam e diluem sua oferta monetária até o ponto em que a psique comum do povo e a mente coletiva de um país começam a perceber que algo está errado.

É possível sentir isso agora, especialmente nos Estados Unidos.

À medida que a desvalorização aumenta, a população percebe a perda do poder de compra. Então, algo milagroso acontece. A vontade do público, por meio do sistema de livre mercado, faz o ouro e a prata automaticamente se revalorizarem. Quando isso acontece, o preço responde por toda moeda que foi criada desde a última revalorização.

É automático e natural; o ouro e a prata sempre fazem isso, e sempre o farão. As pessoas têm um senso inato para perceber a raridade do ouro e da prata. Quando o papel-moeda se torna abundante e perde valor, os homens sempre se voltam para os metais preciosos. Quando as massas procuram os metais preciosos novamente, os preços (valor de compra) do ouro e da prata aumentam exponencialmente.

Nesses momentos, sempre há uma enorme transferência de riqueza e você tem o poder de decidir se quer ou não que essa transferência lhe seja favorável. Se escolher por isso, então primeiro você precisa se educar financeiramente e, depois, agir.

Este livro aborda os dois aspectos: educação e ação. Nestas páginas, você encontrará perspectivas históricas e aconselhamento prático sobre como tirar vantagem do que acredito ser o maior *boom* do mercado de metais preciosos de todos os tempos. A princípio, você ficará surpreso com a quantidade de fatos históricos aqui expostos, mas asseguro que há uma razão: só entendendo o passado é que podemos compreender integralmente o presente. E, no momento, estamos diante de uma situação de raríssima oportunidade para aumentar exponencialmente nossa riqueza – se estivermos armados com o conhecimento certo.

Este livro mostrará todos os elementos para que você se torne um investidor de sucesso no mercado de metais preciosos e lhe fornecerá o conhecimento necessário para assumir seu futuro financeiro. Aproveite!

Introdução

Uma das coisas que Robert Kiyosaki sempre ensina é a diferença entre "conteúdo" e "contexto". Conteúdos são os fatos, as estatísticas, os fragmentos da informação, enquanto contexto é a forma como alguém observa as coisas, seu ponto de vista, o feeling sobre algo, a maneira como encara o mundo. É a visão do todo ou, devo dizer, é a habilidade da mente em reter essa visão. Mudar ou expandir o contexto de alguém é muito mais poderoso (e difícil) do que apenas fornecer uma penca de fatos.

Este livro mudará e expandirá seu contexto – se você permitir. Exploraremos algumas histórias bem "contextuais" de como o ouro e a prata se valorizaram ao longo da história quando os governos abusaram de suas moedas correntes - como, aliás, fazem os Estados Unidos hoje. Falaremos de bolhas, manias e pânicos, porque cada investidor deveria ter algum entendimento da psicologia e da dinâmica das massas. Afinal, o medo e a ganância movem os mercados.

Após explorarmos as histórias que a própria história nos fornece, mostrarei onde estamos economicamente hoje, ou seja, à beira do desastre econômico, ao qual chamaremos *tempestade econômica perfeita*.* Nos Estados Unidos, o descuido com os gastos e o medíocre planejamento do governo criaram um insustentável momento econômico. Como você verá, a moeda americana está à beira de um crash, e isso pode conduzir a aumentos subs-

---

*Nota da Tradutora: A expressão *perfect storm*, ou tempestade perfeita, se refere à ocorrência rara de três eventos climáticos simultâneos que provocam uma tempestade de grandes impactos.

tanciais de valores do ouro e da prata. Juntos, verificaremos o estado atual das economias mundiais e os fundamentos da demanda e da oferta do ouro e da prata em contrapartida ao dólar.

Também aprenderemos sobre dois dos muitos ciclos econômicos que se repetem continuamente ao longo da história. Um deles é o ciclo do mercado acionário, quando o valor das ações e do mercado imobiliário supera o valor do mercado de ouro, prata e commodities e, então, o movimento se reverte, transformando-se no ciclo das commodities, quando o ouro, a prata e as commodities superam as ações e o mercado imobiliário. O outro ciclo é menos conhecido, menos regular e menos frequente: o ciclo das moedas correntes, quando as sociedades começam com moeda circulante de qualidade, movendo-se para a emissão de moeda em quantidade e, então, voltam para o início.

Esses ciclos oscilam como um pêndulo ao longo do tempo e funcionam como um barômetro econômico para o investidor astuto.

Grandes fortunas podem ser criadas no curto período em que o ouro e a prata se valorizam. Acredito que esse momento já começou e creio que essa valorização será surpreendente em seu impacto econômico, dado que a convergência perfeita dos ciclos econômicos está formando a "tempestade econômica perfeita".

Ao longo da história, esses fluxos e refluxos dos ciclos econômicos são tão naturais quanto o movimento das marés. E, embora apostar contra eles possa ser perigoso para sua saúde financeira, investir a favor pode lhe trazer imensa riqueza.

O livro se apresentará em quatro partes:

Parte I: Ontem

Na Parte I, estudaremos algumas das lições que a história nos ensina sobre os ciclos econômicos, papel-moeda e seus efeitos no ouro e na prata. Darei exemplos de como o ouro e a prata sempre venceram o *fiat money*★ (nome dado ao dinheiro circulante que não é lastreado em algo tangível como ouro ou prata).

★*Nota da Tradutora*: Diz-se também "*dinheiro ou moeda fiduciária*", ou seja, não decorre de um valor intrínseco de lastro, mas de um valor atribuído por quem o emite e que é aceito por quem o utiliza.

Também mostraremos como manias e pânicos podem alterar as condições econômicas em um piscar de olhos. É importante entender a dinâmica de cada um deles, porque ambos desempenharão relevante papel naquilo que, acredito, será a maior transferência de riqueza da história.

Parte II: Hoje

Na Parte II abordaremos a miopia financeira do governo americano de hoje, o jogo perigoso que os Estados Unidos e a China estão jogando com seus déficits e superávits de comércio e os resultados econômicos potencialmente desastrosos. Também veremos como a inflação da oferta monetária não apenas está prejudicando você financeiramente, como também prenuncia a morte do dólar americano e do poder econômico dos Estados Unidos da forma como o conhecemos. Em seguida, completarei com os fundamentos do ouro e da prata.

Parte III: Amanhã

Quando terminarmos o aprendizado daquilo que a história tem para nos mostrar e tivermos adquirido algum entendimento das condições econômicas que enfrentamos hoje, exploraremos como essa informação impacta nosso amanhã, nosso futuro e o futuro de nossa família. Mostrarei a você não apenas como proteger-se da *tempestade econômica perfeita*, mas também como lucrar com ela ao aplicar as lições que aprendemos com o passado e com as coisas que o presente está nos ensinando. E, como você provavelmente já adivinhou, isso terá a ver com investir inteligentemente em ouro e prata. É provável que essa tenha sido a razão para você ter comprado este livro, não é mesmo?

Parte IV: Como investir em metais preciosos

Como você verá - e espero que venha a acreditar –, os melhores investimentos possíveis, nas condições econômicas atuais, são ouro e prata. Na última seção, darei alguns conselhos e dicas valiosos acerca de investimentos em metais preciosos.

Para muitos, o investimento em metais preciosos é um mundo à parte, com a fama de ser povoado por um bando de gente excêntrica e de teorias da conspiração – e, até certo ponto, isso é verdade. Mas você não deve deixar que algumas laranjas podres contaminem as outras. Como você verá, a história fica do lado dos "excêntricos", que amam seu ouro e prata. A Parte IV desmistificará o conceito de investimentos em ouro e prata. Investir nesses metais é relativamente fácil, e bastante seguro.

Acima de tudo, como já mencionamos, este livro é sobre a mudança do contexto em que você se encontra. A razão para que os investimentos em ouro e prata pareçam tão estranhos é porque há empresas e indivíduos poderosos e milionários que têm interesse absoluto em manter o *status quo*. Eles querem que você jogue o jogo deles. O que quero dizer com isso é que eles se beneficiam financeiramente ao fazer *seu* dinheiro permanecer nas mãos *deles*.

Os metais preciosos eliminam, na essência, o intermediário. Eles são os únicos ativos financeiros que não precisam estar "no" sistema financeiro. Nenhum consultor financeiro ganha bônus por induzir você a investir neles, como acontece quando você aplica em fundos ou ações, por exemplo. Uma das razões pelas quais me orgulho de fazer parte da família Pai Rico é que ela faz questão de expor intencionalmente o jogo que a indústria financeira joga com seu dinheiro. Nesse processo, a família Pai Rico realça a importância de aumentar seu QI financeiro lendo livros como este e outros da série Pai Rico. Uma vez que você esteja equipado com conhecimento e seja capaz de reconhecer como o sistema funciona, então poderá assumir o controle do próprio futuro financeiro.

Tudo bem jogar o jogo deles – se você não está a fim de aumentar sua inteligência financeira ou investir com sabedoria. Mas quando todo o sistema quebrar, não diga que não avisei. Ao terminar de ler este livro, se fiz meu trabalho corretamente, você nunca mais olhará para nossas instituições financeiras da mesma maneira. Seu contexto terá mudado e um novo horizonte tão brilhante quanto o do sol da manhã estará diante de você.

Vejo você do outro lado.

Sumário

Parte I: Ontem

Capítulo 1 A luta dos séculos 3

Capítulo 2 A riqueza das nações 11

Capítulo 3 Antigo esplendor 20

Capítulo 4 Ganância, guerra e funeral do dólar 27

Capítulo 5 Sai em ataque o touro dourado 36

Capítulo 6 *Booms* e crises 46

Parte II: Hoje

Capítulo 7 Qual é o valor? 55

Capítulo 8 A preparação 65

Capítulo 9 A tempestade econômica perfeita 79

Capítulo 10 Saindo das brumas... para a luz 90

Capítulo 11 Toda nuvem tem um halo prateado 97

Parte III: Amanhã

Capítulo 12 O pêndulo 115

Parte IV: Como investir em metais preciosos

Capítulo 13 Cuidado com as armadilhas................................125

Capítulo 14 Quem é você e quais são seus planos 134

Capítulo 15 Metais físicos..141

Capítulo 16 Tudo se esclarece sob a luz do passado..............146

Referências..153

Parte I

Ontem

Capítulo 1

A luta dos séculos

Uma batalha épica tem ocorrido ao longo da história das civilizações. É uma luta invisível, desconhecida da maioria das pessoas afetadas. Todos nós, em nossa luta diária, sentimos seus efeitos. Você está sentindo os efeitos dessa batalha oculta seja no supermercado, quando você percebe que um litro de leite está R$0,20 mais caro do que da última vez que você comprou, seja quando você pega a conta de luz e percebe que está pagando R$50 a mais do que no ano anterior.

Esse é um confronto entre moeda corrente e dinheiro, e é verdadeiramente uma luta de séculos.

Com frequência, essa batalha ocorre entre o ouro e a prata *versus* as moedas correntes (que, supostamente, representariam o valor do ouro e da prata). Inevitavelmente, as pessoas sempre acham que a moeda ganha essa batalha. Elas sempre têm uma fé cega em suas moedas, mas, no final, o ouro e a prata ganham, porque ambos sempre se valorizam.

Para compreender a valorização periódica do ouro e da prata, você primeiro precisa entender a diferença entre moeda corrente e dinheiro.

4 PAI RICO: COMO INVESTIR EM METAIS PRECIOSOS

Ao longo dos séculos, muitas coisas serviram como moedas correntes de aceitação geral. Gado, grãos, temperos, conchas, contas de vidro e papel têm sido formas de moeda, mas apenas duas coisas representam dinheiro. Você adivinhou: prata e ouro.

Moeda corrente

Muitas pessoas acham que a moeda corrente é dinheiro. Quando alguém lhe dá notas e moedas, por exemplo, você presumivelmente pensa que recebeu *dinheiro*. Não! Notas e moedas são moedas correntes, uma forma de troca que você pode usar para comprar alguma coisa que tem valor, o que chamaríamos de ativo.

Como diria Robert Kiyosaki, em *Pai Rico: Desenvolva sua inteligência financeira*, a moeda corrente deriva da palavra corrente. Uma corrente precisa manter-se em movimento ou então se extinguirá (pense em eletricidade). Uma moeda corrente não armazena valor intrínseco ou extrínseco. Ao contrário, ela é um meio pelo qual você pode transferir valor de um ativo a outro.

Dinheiro

Dinheiro, ao contrário de moeda corrente, tem valor intrínseco. O dinheiro é sempre uma moeda corrente; nesse sentido, pode ser usado para comprar outros itens que têm valor, mas como acabamos de ver a moeda corrente nem sempre é dinheiro, porque não tem valor intrínseco ou extrínseco. Se você está tendo dificuldade para entender isso, apenas pense em uma nota de R$100. Você acha que aquele pedaço de papel vale R$100?

A resposta é, obviamente, *não*. Aquele pedaço de papel representa o valor que está armazenado em algum outro lugar – ou, ao menos, costumava ser assim antes que o real, o dólar e outras moedas se transformassem em moeda corrente. Mais tarde, estudaremos a história das moedas e do padrão ouro, mas, por ora, tudo que você precisa saber é que as moedas não têm lastro hoje, nada que as garanta, exceto a fé e a crença de quem as utiliza. Os governos, em resumo, têm a habilidade de criar dinheiro à vontade sem ter nada como garantia. Você poderia chamar isso de falsificação, mas os governos chamam de política fiscal. Isso tudo trata daquilo que chamamos de *fiat money*.

Fiat money

A palavra latina *fiat*[*] significa um decreto arbitrário, uma ordem, uma sanção ou pronunciamento feito por uma pessoa, um grupo ou uma entidade que tenha a autoridade absoluta de fazê-lo cumprir ou executar. Uma moeda corrente que extrai seu valor de uma declaração autoritária (*fiat*) do governo é, por definição, *fiat money*. Todas as moedas correntes em uso hoje são impostas, sancionadas, são *fiat money*, dinheiro fiduciário.

Para o restante do livro, usarei as definições apropriadas. A princípio, parecerá estranho a você, mas servirá apenas para enfatizar e permitir maior entendimento da diferença entre moeda corrente e dinheiro. Ao final do livro, espero, você verá que a falta de entendimento do público em geral, no que se refere a essa diferença, está ajudando a criar o que acredito será a maior oportunidade para se acumularem as maiores riquezas da história.

O que você aprenderá sobre moeda corrente e dinheiro neste livro é um conhecimento que 99% da população sequer imagina existir ou está desejosa de aprender. Portanto, parabéns, você está bem à frente do jogo.

Inflação

Quando falo de inflação ou deflação, refiro-me à expansão ou à contração da oferta de moeda corrente. O sintoma de inflação ou deflação monetária é o aumento ou a redução dos preços, aos quais, às vezes, me referirei como inflação dos preços ou deflação dos preços. Não obstante, uma coisa é certa: com a inflação, tudo se valoriza, exceto a moeda corrente.

Aventuras na criação de moeda corrente

As moedas correntes não costumam ser criadas da forma sancionada, ou *fiat*, e são raros os casos em que as moedas sobrevivem apenas por curtos períodos. As sociedades, em geral, têm início com *commodities* de alto valor como ouro e prata. Gradualmente, os governos ludibriam a população, convencendo-a a aceitar *fiat money* ao imprimir notas remissíveis em metais preciosos. Essas notas (moeda corrente) são, na verdade, "promissórias", "certificados de depósito", "recibos" ou "cheques administrativos" resgatá-

---

[*]*Nota da Tradutora*: Em latim, "que assim seja e assim se faça".

veis pelo *dinheiro verdadeiro* que está no cofre. Eu me aventuro a dizer que muita gente pensa que é assim, ainda hoje, que funcionam o dólar, o real e outras moedas correntes dos mais diferentes países.

Uma vez que um país introduz uma moeda corrente, ele pode expandir a oferta dessa moeda corrente por meio do déficit orçamentário, imprimindo cada vez mais dessa moeda para cobrir os gastos públicos e também por meio da criação de crédito baseado na reserva fracionária dos bancos (estudaremos isso mais adiante). Então, usualmente em virtude de guerra ou de outra emergência nacional, com governos estrangeiros ou a população local tentando resgatar seus depósitos (corrida aos bancos), o governo suspende os direitos de resgate, porque não têm ouro e prata suficientes para cobrir todo o papel impresso e... *voilá!* Criou-se o *fiat money*.

Aqui vai o segredinho sujo: o *fiat money é* criado para perder valor. Seu verdadeiro propósito é confiscar a riqueza individual e transferi-la para o governo. Cada vez que o governo cunha uma nova moeda e gasta esse dinheiro, absorve o poder de compra completo daquela moeda. Mas de onde veio esse poder de compra? Foi secretamente roubado de cada moeda que as pessoas possuem. Sempre que uma nova moeda entra em circulação, ela desvaloriza todas as moedas existentes, porque agora há mais moedas competindo pela mesma quantidade de produtos e serviços. Isso provoca aumento de preços. É o imposto insidioso, furtivo, conhecido como inflação, que rouba uma fortuna de você, como faz um ladrão na calada da noite.

Ao longo dos séculos, o ouro e a prata se confrontaram com as moedas correntes, e os metais preciosos sempre ganharam a batalha. O ouro e a prata se valorizam automaticamente, equilibrando-se a si próprios contra o processo da moeda corrente. Esse é um padrão que se vem repetindo desde o primeiro grande *crash* de moeda corrente, a de Atenas, em 407 a.C. Sempre que um investidor detecta o início de uma dessas batalhas, as oportunidades (diz a história) para se acumularem riquezas imensas em curto período são imensas.

Parece que a situação sempre começa da mesma maneira. As atividades aumentam quando o suprimento de moeda corrente aumenta e, então, o *crash* que se anuncia é sentido pelas massas, graças aos instintos naturais do ser humano, e de repente, em um movimento explosivo e em um período relativamente curto, o ouro e a prata se valorizam por causa da moeda corrente que foi criada nesse ínterim. Se você souber perceber esse momento e agir rapidamente antes que as massas o façam, seu poder de compra crescerá exponencialmente à medida que o ouro e a prata crescerem em valor em relação à moeda inflacionada. Se você não agir, então poderá se arruinar.

Essa luta peso-pesado entre moeda corrente *fiat* e o ouro e a prata pode terminar em uma das duas maneiras seguintes:

1. Uma decisão técnica, em que a moeda corrente *fiat* se torna um ativo lastreado, novamente, pelo ouro e pela prata.

Ou

2. Um golpe final que representa a morte da moeda corrente *fiat*.

Seja como for, ouro e prata sempre serão declarados vencedores. Eles sempre são os campeões pesos-pesados do mundo. Mas você não precisa acreditar em mim. Vamos ver o que a história tem a dizer.

Isso é grego para mim

Certa vez, Winston Churchill disse: "Quanto mais para trás você olhar, mais adiante poderá ver." Assim, no embalo de Churchill, vamos olhar para trás... muito para trás, para o tempo dos gregos.

A moeda corrente predominante, por 4.500 anos, tem sido o ouro e a prata, mas esses metais se tornaram *dinheiro* em Lídia, por volta de 680 a.C, quando foram cunhados em moedas de pesos iguais para facilitar e aprimorar o comércio. Mas foi em Atenas, quando surgiram as primeiras cunhagens, que a ideia floresceu de fato. Atenas foi a primeira democracia do mundo a ter o primeiro sistema de livre mercado e um sistema funcional de taxação e imposto. Foi isso que tornou possível aquelas incríveis construções arquitetônicas como o Panteão.

Por muitos anos, na verdade, a estrela de Atenas brilhou ardentemente. Se você fez bem as lições de história, então sabe que ela é considerada uma das maiores civilizações de todos os tempos e também já ouviu falar de sua derrocada, há muito tempo. Mas o que aconteceu? Por que ocorreu a queda de uma civilização como a de Atenas? A resposta reside no mesmo padrão que podemos enxergar de vez em quando, ao longo da história: muita ganância conduzindo a muitas guerras.

Atenas floresceu com seu sistema financeiro inovador. Então, se envolveu em uma guerra que acabou durando tempo demais e custou muito mais do que fora previsto (algo que soaria bastante familiar aos ouvidos do povo americano, com sua recente guerra contra o Iraque). Após 22 anos de guerra, com os recursos minguando, os atenienses tiveram uma ideia brilhante para continuar a custear as batalhas. Começaram a adulterar seu dinheiro, em uma tentativa de dar continuidade a todo o processo. Em um lance genial, os atenienses descobriram que 1 mil moedas de ouro e prata coletadas em impostos, misturadas com 50% de cobre e recunhadas, poderiam originar 2 mil moedas.

Isso também parece familiar. Ou deveria... isso se chama déficit nas contas públicas e, hoje, o governo faz isso diariamente, a cada segundo.

Foi a primeira vez na história em que o ouro e a prata tiveram um valor extrínseco. Antes da brilhante ideia dos atenienses, tudo que se podia comprar era precificado em peso de ouro ou de prata. Agora, pela primeira vez, havia uma moeda corrente oficial que não era ouro nem prata, mas uma mistura de ouro, prata e cobre. Você poderia comprar ouro e prata com essa moeda, mas o valor do suprimento de moeda não era mais representado por ouro e prata.

Ao longo de dois anos, o belo dinheiro dos atenienses se tornou apenas moeda corrente e, como consequência, tornou-se praticamente sem valor. Quando o público se deu conta da adulteração, qualquer um que tivesse as moedas antigas de puro ouro e prata viu, obviamente, seu poder de compra aumentar significativamente.

A guerra que desencadeou o processo acabou sendo perdida em dois anos. Os atenienses nunca mais desfrutaram da glória que um dia conheceram e se tornaram nada mais do que uma província do poder reinante seguinte, Roma.

E a vitória do primeiro embate peso-pesado regional entre moeda corrente e dinheiro foi para o *dinheiro verdadeiro* – ouro e prata foram coroados os Campeões Pesos-Pesados de Atenas.

Roma em chamas

Roma superou o império grego como poder dominante em sua época; durante os séculos de dominância, os romanos tiveram muito tempo para aperfeiçoar a arte de rebaixar a moeda corrente. Roma nunca aprendeu com os erros de outros impérios; dessa forma, estava predestinada a repeti-los – aliás, como outros impérios na história

Ao longo de 750 anos, vários líderes, para custear a guerra, inflaram a oferta de moeda romana por meio do rebaixamento da cunhagem. Isso acabou conduzindo a uma inflação assustadora de preços. Faziam-se moedas menores, ou aparavam-se pequenas nervuras das beiradas das moedas de ouro, serrilhando-as, com o sentido de imposto, quando entravam nos prédios do governo. Posteriormente, essas aparas eram derretidas para se transformar em mais moedas. E, claro, assim como fizeram os gregos, os romanos também misturavam, às moedas de ouro e prata, metais menos nobres como o cobre. Por último, mas não menos importante, inventaram a não tão sutil arte da revalorização, o que significava que cunhavam as mesmas moedas novamente, porém com valor de face superior ao anteriormente gravado.

Quando Diocleciano subiu ao trono em 284 d.C., a inflação (e a população romana) estava ensandecida: as moedas romanas eram apenas uma placa de estanho folheada a cobre ou a bronze.

Em 301 d.C., Diocleciano lançou seu infame Édito Máximo, que impôs pena de morte a qualquer um que vendesse mercadorias acima dos preços estipulados pelo governo. Além do controle dos preços, os salários também foram congelados. Entretanto, para surpresa de Diocleciano, os preços continuaram subindo. Os comerciantes não podiam vender seus artigos com lucro; assim, fechavam as portas. As pessoas deixavam suas carreiras de escolha em busca de empregos nos quais os salários não fossem fixos ou desistiam e aceitavam a ajuda do governo, uma espécie de seguro-desemprego ou mesmo bolsa família. Isso mesmo! Foram os romanos que inventaram esse tipo de assistência social. Roma tinha uma população de cerca de 1 milhão de pessoas nesse período, e 200 mil delas, cerca de 20%, recebiam ajuda do governo.

Como a economia estava excessivamente depauperada, Diocleciano adotou uma política de aumento de gastos, colocando pessoas para trabalhar para o governo, contratando-as como novos soldados ou custeando numerosos projetos de caráter público. Ele dobrou, de forma efetiva, o quadro do funcionalismo público e do corpo militar e, provavelmente, multiplicou o déficit público inúmeras vezes.

Quando o pagamento da assistência social a milhares de pobres e desempregados era adicionado ao custo do pagamento das tropas – além, é claro, dos custos dos novos funcionários públicos –, os números ficavam assustadores. Ao se ver sem recursos, Diocleciano limitou-se a cunhar vastíssima quantidade de novas moedas de cobre e bronze, desvalorizando, mais uma vez, as moedas de ouro e de prata.

Isso tudo resultou na primeira hiperinflação documentada do mundo. No Édito Máximo de Diocleciano (uma cópia muito bem preservada foi escavada em 1970), uma libra de ouro valia 50 mil dinares no ano de 301 d.C, mas na metade daquele século valia 2,12 bilhões de dinares. Isso significa que o preço do ouro subiu 42.400 vezes em mais ou menos 50 anos. O sistema econômico de trocas basicamente reverteu-se para o sistema de escambo, uma vez que todo o sistema de moeda corrente ficou paralisado.

Para uma melhor perspectiva, imagine que o ouro valesse US$35 a onça nos Estados Unidos, há 50 anos, e que o preço subisse 42.400 vezes: hoje, a onça do ouro estaria sendo vendida a US$1.500.000. Em termos de poder de compra, isso significa que um carro que, há 50 anos, era vendido a US$2 mil (o que, de fato, acontecia nos Estados Unidos) hoje estaria sendo vendido por US$85 milhões.

Isso sublinha a segunda vitória do ouro e da prata sobre a moeda *fiat* na história do mundo. Então, vamos lá, dois a zero para o ouro e a prata.

No fim, foi a adulteração da moeda e o déficit das contas públicas – despendido para fundear o Exército, o funcionalismo público, os programas sociais e a guerra – que derrubaram o Império Romano. Como, aliás, ao longo da história aconteceu com outros impérios que eram considerados imunes às leis econômicas.

Como se constata, desvalorizar a moeda para reunir condições de remunerar o funcionalismo público, programas sociais e guerra é um padrão que vem se repetindo ao longo da história. E é um modelo de governar que sempre acaba mal.

Capítulo 2

A riqueza das nações

Quando se estuda a história monetária para se identificarem os respectivos ciclos, é necessário examinar ambas as faces da moeda, por assim dizer. A tentação é culpar os governos pelas calamidades e preocupações. Os governos, certamente, são culpados quando se trata de inflação provocada por emissão de moeda, mas nunca devemos esquecer, ao final das contas, que consentimos com as regras que impõem. A história está cheia de exemplos de ganância que acabam levando o povo a tomar atitudes incrivelmente estúpidas. Na verdade, não precisamos do governo para arruinar nossa economia. Podemos fazer isso sozinhos, sem ajuda alguma, obrigado!

O melhor exemplo em que consigo pensar é o caso da *mania por tulipas*, em 1637.

Uma tulipa é apenas uma tulipa...

Basta responder à pergunta a seguir para compreender o absurdo desse momento histórico sobre o qual falarei em seguida: *Você pagaria US$1.800.000 por um único bulbo de tulipa?* Se sua resposta foi sim, então, por favor, coloque

12   PAI RICO: COMO INVESTIR EM METAIS PRECIOSOS

este livro de lado e procure um psiquiatra. Caso contrário, continue a ler e veja quão insanas as pessoas podem se tornar.

Todos se lembram de tulipas quando pensam na Holanda. Depois, pensam em cerveja, é claro. O que muita gente não sabe é que as tulipas não são originárias daquele país. Elas foram importadas, em 1593, da Turquia e, rapidamente, tornaram-se um símbolo de status de nobreza e riqueza. As tulipas se tornaram febre, e um mercado de *trading* se estabeleceu em Amsterdã.

Rapidamente, essa mania se transformou em uma bolha econômica. Você vai achar isto cômico: em 1636, um simples bulbo de tulipa da variedade Viceroy era comercializado por: 4 toneladas de trigo, 8 toneladas de centeio, 4 cabeças de boi gordo, 8 de suíno, 12 de carneiros, 2 tonéis de 500 litros de vinho, 2 toneladas de cerveja, 2 toneladas de manteiga, 500 quilos de queijo, uma cama, um traje de roupas completo e um cálice de prata.

No pico da bolha, em 1637, um bulbo único da variedade Semper Augustus era vendido por 6 mil florins. Para se ter uma ideia, o salário médio *anual* na Holanda, na época, era de 150 florins. Isso significa que aqueles bulbos de tulipas estavam à venda por 40 vezes a renda anual média do holandês. Vamos assumir que o salário médio de um americano seja US$45 mil. Isso significa que um único bulbo de tulipa Semper Augustus, em termos atuais, custaria a um americano US$1.800.000.

Logo as pessoas começaram a perceber o quão absolutamente insano era toda a situação, e os espertos (se é que se pode chamar de esperto qualquer um envolvido em tal loucura) começaram a vender. Em poucas semanas, o preço da tulipa caiu até seu valor real, o que era, na verdade, vários bulbos de tulipa por apenas *1 florim*.

A devastação financeira que varreu o norte da Europa, como resultado desse *crash* do mercado, durou por muitas décadas.

John Law e o banco central

A história de John Law é outro grande exemplo de uma sociedade que substitui seu *dinheiro* por uma moeda corrente crescentemente corroída pela inflação. A vida de John Law foi uma verdadeira montanha-russa de proporções épicas.

Filho de banqueiro e forjador de moedas, John Law era um garoto brilhante, com aptidões matemáticas surpreendentes. Tornou-se um grande jogador e um grande dom-juan e quase perdeu toda a fortuna de sua família com suas façanhas. A certa altura, se envolveu em uma briga por causa de uma mulher e seu oponente o desafiou para um duelo. Matou seu rival, foi preso, julgado e condenado à morte. Como era malandro, Law conseguiu escapar da prisão e fugiu para a França.

Nesse momento, Luís XIV era o rei de uma França que estava se endividando enormemente por causa da guerra e do estilo esbanjador da monarquia. John Law, agora na França, tornou-se companheiro de jogo do duque de Órleans e havia, nessa época, publicado um trabalho que exaltava os benefícios da moeda corrente.

Quando Luís XIV morreu, seu sucessor, Luís XV, tinha apenas 11 anos. O duque de Órleans foi nomeado regente (rei temporário) e descobriu, para seu horror, que a França estava profundamente endividada e que os impostos recolhidos sequer cobriam os juros da dívida. Law, farejando oportunidade, apareceu na corte com dois trabalhos que atribuíam os problemas da França à insuficiência de moedas e detalhava as virtudes do papel-moeda. Em 15 de maio de 1716, John Law ganhou um banco (Banque Générale) e o direito de emitir papel-moeda. Começou, assim, a incursão da Europa nas moedas correntes.

O aumento da oferta de moeda trouxe uma nova vitalidade à economia e John Law foi aclamado gênio financeiro. Como recompensa, o duque de Órleans concedeu a Law os direitos de exploração de todo o comércio do território francês da Louisiana, na América. O território da Louisiana era uma área imensa que compreendia cerca de 30% do que hoje são os Estados Unidos, indo desde o Canadá até a foz do Mississippi, no Golfo do México.

Naquela época, acreditava-se que a Louisiana era rica em ouro, e a nova companhia de John Law, com os direitos exclusivos de comércio no território, rapidamente se tornou a mais rica companhia da França. Law não perdeu tempo ao capitalizar a confiança do público diante das perspectivas de sua companhia e emitiu 200 mil ações. Logo após, o preço de cada ação explodiu, subindo mais de 30 vezes em um período de poucos meses. Imagine: em poucos anos, Law passou de um jogador viciado e assassino sem um tostão sequer para uma das figuras financeiras mais poderosas da Europa.

E, de novo, foi recompensado. Dessa vez, o duque concedeu a ele e às suas companhias o monopólio da venda de tabaco, o direito exclusivo de refinar e cunhar prata e ouro e transformou o banco de Law no Banque Royale. Law estava no controle do Banco Central da França.

Agora que seu banco era o Banco Central da França, isso significava que o governo garantia a emissão de seu papel-moeda, da mesma forma como faz o governo hoje com o Banco Central. E, dado que tudo corria tão bem, o duque pediu a Law que imprimisse ainda mais moeda, e Law, concordando que não havia mal algum em ter mais coisas boas, obedeceu. O governo gastou excessiva e descuidadamente enquanto pacificava Law com mais presentes, mais honrarias e títulos.

Sim, as coisas iam muito bem. Tão bem que o duque pensou que, se esse tanto de moeda corrente trazia tanta prosperidade, então duas vezes tal quantidade seria ainda muito melhor. Dois anos antes, o governo mal podia pagar os juros de suas dívidas, e, agora, não apenas havia liquidado suas dívidas, como também podia gastar tanto quanto quisesse. Tudo o que precisava fazer era imprimir mais moeda circulante.

Como recompensa pelos serviços de Law, o duque aprovou um decreto concedendo à Companhia do Mississippi os direitos exclusivos de comercializar com as Índias Orientais, a China e os Mares do Sul. Ao saber disso, Law emitiu 50 mil novas ações da Companhia do Mississippi. Quando fez a nova oferta de ações, mais de 300 mil aplicações foram feitas para as novas ações. Entre elas, havia duques, marqueses, condes e duquesas, todos querendo sua parcela de ações. A solução de Law para o problema foi emitir 300 mil novas ações, e não as 50 mil que havia planejado originalmente, um aumento de 500% do total de ações.

Paris estava progredindo rapidamente devido à súbita especulação das ações e ao aumento da oferta de moeda. Todas as lojas estavam lotadas, havia abundância de novos produtos de luxos e as ruas fervilhavam de pessoas. Como afirmou Charles Mackay em seu livro *Extraordinary Popular Delusions and the Madness of Crowds* (Ilusões Populares Extraordinárias e a Loucura das Multidões), "novas casas estavam sendo construídas em todas as direções e uma prosperidade ilusória lançava um brilho sobre a terra, encantando os olhos de toda a nação; dessa forma, ninguém podia enxergar a nuvem negra que anunciava, no horizonte, a tempestade que estava se aproximando velozmente".

Os problemas começaram a aparecer rapidamente. Devido à inflação da oferta de moeda, os preços começaram a explodir. Os preços dos imóveis e aluguéis, por exemplo, cresceram 20 vezes.

A RIQUEZA DAS NAÇÕES

Law começou a sentir os efeitos da inflação galopante que ajudara a criar. Law ofendeu o príncipe de Conti, com sua nova emissão de ações, quando se recusou a emiti-las com o preço que o nobre queria. Furioso, o príncipe mandou três carruagens ao banco de Law para sacar todo o papel-moeda e as ações da Companhia do Mississippi. Foi pago com três carruagens lotadas de moedas de ouro e prata. O duque de Órleans ficou enraivecido e determinou que o príncipe devolvesse as moedas ao banco. Temendo que nunca mais pudesse pisar de novo em Paris, o príncipe devolveu duas das três carruagens.

Isso serviu como um despertar para o público. As pessoas começaram a converter o papel em moeda e a comprar qualquer coisa transportável que tivesse valor: joias, talheres de prata, pedras preciosas e moedas eram compradas e enviadas para o exterior ou eram entesouradas.

Para estancar o sangramento, em fevereiro de 1720, os bancos descontinuaram a conversão em ouro e prata, e a utilização dessas moedas como meio de pagamentos foi declarada ilegal. A compra de joias, pedras preciosas e talheres de prata também foi banida. Havia recompensas de até 50% para qualquer ouro ou prata confiscados de pessoas que fossem encontradas em posse dessas mercadorias (pagáveis em papel-moeda, evidentemente). As fronteiras foram fechadas e as carruagens, vasculhadas. As prisões se encheram e cabeças rolaram, literalmente.

Em seguida, a crise financeira atingiu estágio crítico. Em 27 de maio, os bancos foram fechados e Law foi dispensado do cargo de ministro. A moeda foi desvalorizada em 50% e, em 10 de junho, os bancos foram reabertos e voltaram a trocar as notas por ouro e prata aos novos valores. Quando o ouro acabou, as pessoas passaram a ser pagas em prata. Quando a prata acabou, foram pagas em cobre. Como se pode imaginar, o frenesi para converter o papel-moeda de volta para moedas foi tão intenso que quase causou tumulto. Ouro e prata desfecharam um nocaute na moeda corrente.

Nesse momento, John Law era o homem mais injuriado da França. Em questões de meses, deixou de ser a força mais poderosa e influente da sociedade francesa e voltou a ser o joão-ninguém de antes. Law fugiu para Veneza, retornando à vida de jogatina e se lamentando: "No ano passado, eu era o sujeito mais rico que já existiu. Hoje, não tenho nada, nem mesmo o suficiente para me manter vivo." Morreu arruinado, em Veneza, em 1729.

O colapso da Companhia do Mississippi e o sistema de *fiat money* de Law afundaram a França, e quase toda a Europa, em uma depressão econômica

16 PAI RICO: COMO INVESTIR EM METAIS PRECIOSOS

profunda, que durou por muitas décadas. No entanto, o que mais me deixa perplexo é que tudo isso aconteceu no curto período de apenas quatro anos.

República de Weimar: o aprendizado de uma dolorosa lição

Até agora, você aprendeu o tipo de dano que as moedas fiduciárias, ou *fiat*, como temos dito, podem causar. Agora vamos olhar para outro exemplo e identificar o fio da moeda (sem a intenção de trocadilhos) e como essas situações extremadas podem, na verdade, apresentar oportunidades de se adquirir vasta riqueza.

No começo da Primeira Guerra Mundial, a Alemanha saiu do padrão ouro e suspendeu o direito dos cidadãos de resgatar sua moeda (o marco) em ouro ou prata. Como todas as guerras, essa também foi uma guerra marcada pela prensa. Na Alemanha, o número de marcos em circulação quadruplicou durante a guerra. Os preços, no entanto, não acompanharam a inflação da oferta de moeda. Assim, os efeitos dessa inflação não chegaram a ser sentidos.

A razão para esse fenômeno peculiar: em tempos de incerteza, as pessoas tendem a poupar cada centavo. E a Primeira Guerra Mundial foi definitivamente um período de muita incerteza. Por isso, ainda que o governo alemão estivesse bombeando toneladas de moeda corrente no sistema, ninguém estava gastando – ainda. Mas, ao final da guerra, a confiança para gastos retornou, os preços aumentaram para acompanhar a inflação monetária anterior e, então, os efeitos devastadores espalharam-se por todo o país.

Pouco antes do final da guerra, a taxa de câmbio entre ouro e marco era cerca de 100 marcos por onça. Mas, em 1920, essa taxa flutuava entre 1 mil e 2 mil marcos por onça. Os preços de varejo logo acompanharam a tendência, subindo de 10 a 20 vezes. Qualquer um que ainda tivesse algum dinheiro acumulado durante a guerra ficou perplexo ao descobrir que poderia comprar apenas 10% ou menos do que poderia um ano ou dois antes.

Então, pelo resto do ano de 1920 e a primeira metade de 1921, a inflação cedeu e, na superfície, o futuro começou a parecer um pouco mais promissor. A economia estava se recobrando, os negócios e a produção industrial estavam crescendo. Mas havia reparações de guerra a serem pagas, por isso o governo nunca parou de imprimir moeda. No verão de 1921, os preços voltaram a subir e, por volta de 1922, já haviam subido cerca de 700%.

A RIQUEZA DAS NAÇÕES

17

Esse foi o ponto de inflexão. E o que mudou foi a confiança do povo em seu governo e em sua moeda. Tendo visto seu poder de compra cair cerca de 90% em 1919, as pessoas já estavam escaldadas dessa vez. Já sabiam como as coisas transcorreriam.

A atitude do país inteiro com relação à moeda mudou. Todos de uma vez. As pessoas sabiam que, se ficassem com algum dinheiro por um pequeno período, elas se dariam mal... o aumento dos preços aniquilaria o poder de compra. Subitamente, todos começaram a gastar o dinheiro assim que este chegasse em suas mãos. A moeda corrente se tornou uma batata quente – e ninguém queria segurá-la nem por um segundo sequer.

Após a guerra, a Alemanha fez seu primeiro pagamento de reparação para a França principalmente com ouro e completou o saldo remanescente com ferro, carvão, madeira e outros materiais, mas não dispunha dos recursos para honrar o segundo pagamento. A França achou que a Alemanha estava tentando se evadir do pagamento, por isso, em janeiro de 1923, a França e a Bélgica invadiram e ocuparam o vale do Rio Ruhr, o coração industrial da Alemanha. As tropas invasoras tomaram as fábricas de ferro e aço, as minas de carvão e as estradas de ferro.

Como resposta, o governo alemão de Weimar adotou uma política de resistência pacífica e não cooperação, pagando aos operários das fábricas – todos os dois milhões – para que não trabalhassem. Esse foi o pingo-d'água que faltava para a derrocada do marco.

Enquanto isso, o governo colocou as impressoras de dinheiro no modo ultrarrápido. De acordo com a primeira página do *The New York Times*, datado de 9 de fevereiro de 1923, a Alemanha tinha 33 fábricas de dinheiro vomitando 45 bilhões de marcos todos os dias! Em novembro eram 500 quatrilhões por dia (sim, esse é um número verdadeiro!).

A confiança do público, contudo, caía mais rápido do que o governo conseguia imprimir novas notas. O governo foi pego em uma espiral econômica descendente. O ponto de retorno fora perdido. Não importava quantos marcos eram cunhados, o valor caía mais rápido do que o tempo necessário para que a nova moeda entrasse em circulação. Dessa forma, o governo não tinha opção a não ser imprimir mais e mais moeda corrente, incessantemente.

No final de outubro e começo de novembro de 1923, o sistema financeiro alemão estava em frangalhos. Um par de sapatos que custava 12 marcos antes da guerra agora custava 30 *trilhões* de marcos! Um filão de pão passou de meio marco para 200 *bilhões* de marcos. Um único ovo foi de 0,08 marco para 80 *bilhões* de marcos. O índice da bolsa de valores foi de 88 pontos ao final da guerra para 26.890.000.000, o valor de compra caíra acima de 97%.

Somente ouro e prata superaram a inflação. O preço do ouro foi de 100 marcos para 87 trilhões de marços a onça, um aumento de 87 trilhões por cento no preço. Mas não é o preço que importa, e sim o valor, e o poder de compra do ouro e da prata subira exponencialmente.

Quando a hiperinflação da Alemanha finalmente acabou, em 15 de novembro de 1923, a oferta de moeda crescera de 29,2 bilhões de marcos no começo de 1919 para 497 quintilhões de marcos, um aumento da moeda disponível superior a 17 bilhões de vezes. O valor total da oferta de moeda havia caído 97,7% em relação ao ouro.

Aqueles que já eram pobres antes da crise foram os menos afetados. Os ricos, ao menos os mais espertos, ficaram muito mais ricos. A classe média foi a mais prejudicada e, por pouco, não desapareceu.

Houve algumas exceções, no entanto. Havia alguns poucos que tinham as qualidades certas e a malícia necessária para tirar vantagem do ambien-

Gráfico 1. Preço de 1 onça de ouro em marcos alemães (1914-1923)

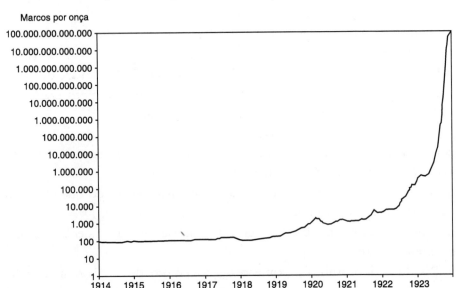

Fonte: Bernd Widdig, Culture and Inflation in Weimar Germany (University of CalPress, 2001).

te econômico. Eram especialistas, astutos, sagazes, ágeis e, acima de tudo, adaptáveis à situação. Aqueles que conseguiram rapidamente se ajustar a um mundo que nunca haviam visto, um mundo virado de ponta-cabeça, prosperaram. Não importa de qual classe provinham, pobres ou classe média, se pudessem se adaptar, e se adaptar bem, conseguiam enriquecer em questão de meses.

Nessa época, um quarteirão inteiro de imóveis comerciais no centro de Berlim podia ser comprado por apenas 25 onças de ouro (ou US$500). A razão para isso é que aqueles que mantiveram suas fortunas em moeda corrente tornavam-se mais pobres a cada dia, enquanto observavam o governo destruir seu poder de compra. Por outro lado, aqueles que mantiveram a posse do ouro viam seu poder de compra crescer exponencialmente e se tornavam, em comparação, mais ricos a cada dia.

Esta é a lição importante: durante uma agitação financeira, uma explosão de bolha, um *crash* de mercado, uma depressão ou uma crise financeira tal qual a de hoje, a riqueza não é destruída. Simplesmente é transferida. Durante a hiperinflação de Weimar, o ouro e a prata não apenas ganharam; esmagaram seu oponente no solo, ao desfechar ainda outro nocaute devastador no dinheiro *fiat*. Aqueles que se apegaram ao dinheiro real, e não à moeda corrente, colheram recompensas multiplicadas muitas e muitas vezes.

Capítulo 3

Antigo esplendor

Espero que, agora, você esteja começando a ver o desenvolvimento de um padrão. Em todos os exemplos mostrados (e há muitos mais), o padrão é o mesmo:

1. Um estado soberano tem início com dinheiro circulante de qualidade (isto é, dinheiro que é ouro ou prata, ou é completamente lastreado por esses metais).
2. À medida que se desenvolve social e economicamente, passa a assumir cada vez mais responsabilidades econômicas, adicionando camada após camada de funções públicas e programas sociais.
3. À medida que sua influência econômica cresce, o mesmo ocorre com a influência política, aumentando também os gastos para sustentar as Forças Armadas.
4. Em algum momento, a força militar entra em ação e as despesas explodem.
5. Para custear a guerra, a mais cara das ações humanas, rouba as riquezas de seu povo ao substituir o dinheiro por moeda fiduciária que pode ser criada em quantidade ilimitada. O estado faz isso na deflagração

ANTIGO ESPLENDOR

da guerra (como foi o caso da Primeira Guerra Mundial), durante a guerra (como no caso de Atenas e Roma) ou como uma solução encontrada para devastações econômicas de guerras anteriores (como no caso de John Law, na França).

6. Finalmente, a transferência de riqueza provocada pela oferta de moeda é sentida pela população na forma de uma severa inflação do preço ao consumidor, ativando a perda de confiança na moeda corrente.

7. Toma corpo uma busca em massa de troca de moeda corrente por ouro e prata e outros ativos tangíveis; a moeda desaba, provocando a transferência maciça de riqueza para aqueles que previram a situação e acumularam ouro e prata antecipadamente.

Imediatamente, muitos pensariam nos Estados Unidos. Afinal, é o país mais poderoso da história do mundo.

Ainda que os Estados Unidos não sejam um império, no sentido tradicional da palavra, quando se trata de questões econômicas, operam como se fossem um, de muitas maneiras. Por isso, acredito que os Estados Unidos declinarão ou verão sua moeda sucumbir; e essa situação já está em curso. Vamos fazer uma pequena viagem pela história para perceber como os Estados Unidos chegaram a esse ponto.

Cuidado com o banco central americano: a Regra de Ouro ruiu

O início do fim para a economia americana ocorreu com a criação do Federal Reserve – o Banco Central americano. O Fed, como é chamado, é um banco privado, separado do governo americano. Mas tem, como os outros bancos centrais do mundo, o poder de ditar a política fiscal do país, os Estados Unidos. Desde a formação do Fed, o dólar americano se transformou em nada mais do que moeda corrente.

De 1871 até 1914, início da Primeira Guerra Mundial, grande parte do mundo desenvolvido operava sob o que é apontado como o padrão ouro clássico, o que significa que a maior parte das moedas do mundo era atrelada ao ouro. Isso também significava que os países eram atrelados uns aos outros. Os empresários podiam fazer planos e projeções para o futuro distante, embarcar mercadorias, fundar novas empresas e investir em terras distantes, porque sabiam exatamente qual seria a taxa de câmbio.

Na média, no período em que o mundo desenvolvido convivia com o padrão ouro, não houve inflação... nenhuma, "nadica de nada", zero. Claro, houve alguns poucos *booms*, explosões de bolhas, inflações e deflações, mas do começo do padrão ouro clássico até seu fim, a soma do jogo foi zero. A razão? Ouro: o grande equalizador.

Aqui está a razão: quando os países experimentavam períodos de expansão econômica, importavam mercadorias. As mercadorias importadas eram pagas com ouro; assim, o ouro saía do país. Ao deixar o país, a oferta de moeda corrente se contraía (ou seja, havia deflação monetária). Isso fazia a economia esfriar e a demanda por mercadorias importadas diminuir. Por sua vez, à medida que a economia ficava mais lenta, os preços caíam, e isso fazia as mercadorias produzidas pelo país ficarem mais atraentes para o comprador estrangeiro. Assim, à medida que as exportações aumentavam para atender à demanda do exterior, o ouro voltava a fluir para dentro do país.

Em seguida, começa o círculo de novo, o valor da moeda corrente – baseada no ouro – sempre se movendo para cima e para baixo, em uma faixa estreita, mantendo o equilíbrio.

Durante o período do padrão ouro, o dólar era uma moeda real, dinheiro verificável, o que significava que havia ouro e prata verdadeiros no Tesouro que o garantiam. A moeda corrente era apenas um recibo do dinheiro. Então, surgiu o Fed, uma das instituições mais notórias e incompreendidas da história dos Estados Unidos.

Uma das dificuldades com o Fed é que há muita informação por aí – uma das razões pelas quais é tão controverso. Existem dois campos muito polarizados quando se trata do Fed. Em uma ponta, está o governo, que confia que ele regulará a economia. Na outra ponta, os teóricos da conspiração, que acreditam, não sem razão, que o Fed provocará, eventualmente, o colapso da economia americana.

Bem, estou aqui para lhe dizer que os "malucos de plantão" não são tão doidos quanto parecem. Para começar, o Federal Reserve não é uma agência do governo. É um banco privado que tem acionistas que recebem dividendos. Tem o poder de efetivamente criar moeda corrente do nada e está blindado contra auditoria e supervisão do Congresso. Como disse o ex-senador e antagonista do governo Barry Goldwater, "a contabilidade do sistema do Federal Reserve nunca foi auditada. Ele opera fora do controle do Congresso e manipula o crédito dos Estados Unidos".

Começo não muito humilde

Vamos ver como tudo começou. E você pode dizer que foi um começo não muito humilde.

Em 1907, houve pânico no mercado de ações e no sistema bancário, apropriadamente chamado de "Pânico de 1907". Havia uma crença generalizada de que os grandes bancos de Nova York, conhecidos como Money Trust, propositalmente provocavam quedas súbitas no mercado e depois se capitalizavam comprando ações de investidores aturdidos, para revendê-las com lucros exorbitantes dias ou semanas depois.

Em 1908, o Congresso criou a National Monetary Commission (Comissão Monetária Nacional) para pesquisar a situação, recomendar reformas que prevenissem eventuais pânicos e investigar o Money Trust. O senador Nelson Aldrich foi apontado como presidente da comissão, indo imediatamente para a Europa, onde permaneceu por dois anos e gastou US$300 mil (quantia, hoje, equivalente a US$6 milhões, se ajustada à inflação) para consultar os banqueiros dos bancos centrais privados da Inglaterra, França e Alemanha.

Quando voltou, o senador Aldrich decidiu tirar uma folga e organizar uma caçada aos patos com alguns de seus amigos. Os amigos convidados para as férias eram os "todo-poderosos" da economia da época, os mesmos banqueiros que ele supostamente deveria estar investigando: Paul Warburg (Kuhn, Loeb & Company), Abraham Pete Andrew (secretário-assistente do Tesouro), Frank Vanderlip (presidente do Rockefeller-lead National City Bank of New York), Henry P. Davidson (sócio da J. P. Morgan), Charles D. Norton (presidente do Morgan-led First National Bank of New York) e Benjamin Strong (presidente da J. P. Morgan Bankers Trust, que viria a ser o primeiro presidente do Federal Reserve).

Estima-se que, na época, esses homens representavam um quarto da riqueza mundial. O retiro aconteceu em uma pequena ilha da costa da Georgia, chamada Jekyll Island. Mas não se caçaram muitos patos por lá; em vez disso, Aldrich e seus distintos hóspedes passaram nove dias em torno de uma mesa incubando um plano que eventualmente criaria o Federal Reserve.

24   PAI RICO: COMO INVESTIR EM METAIS PRECIOSOS

Eis o que alguns dos participantes do encontro disseram sobre o ocorrido:

Imagine um grupo dos mais poderosos banqueiros da nação deixando Nova York furtivamente, em um vagão privado de um trem, na calada da noite, dirigindo-se centenas de milhas para o sul em segredo, embarcando em uma lancha misteriosa, esgueirando-se por uma ilha deserta, com apenas alguns empregados, e despendendo pelo menos uma semana sob o mais rigoroso sigilo, sem jamais pronunciar o nome de qualquer um, para que nenhum empregado soubesse suas identidades e revelassem para o mundo essa que foi a expedição mais secreta, a mais fora do comum, da história financeira dos Estados Unidos.

Não estou romantizando. Estou entregando ao mundo, pela primeira vez, a história real de como o famoso relatório de Aldrich, a fundação de nosso atual sistema financeiro, foi escrito.

B. C. Forbes, *Forbes*, 1916

Os resultados da conferência foram completamente confidenciais. Nem mesmo foi permitido que se divulgasse a existência de um encontro. Mesmo que 18 anos já se tenham passado desde então, não me sinto à vontade para descrever essa interessantíssima conferência, dado que o senador Aldrich pediu segredo a todos os participantes.

Paul Warburg, *The Federal Reserve System: Its Origin and Growth*

Talvez a tripulação do trem ou os empregados da ilha soubessem a identidade de um ou dois de nós, mas não conheciam todos. Os nomes de todos nós seriam impressos juntos na mídia, o que tornaria nossa misteriosa viagem significativa para Washington, Wall Street e até mesmo Londres. Sabíamos que não poderíamos ser descobertos ou todo nosso tempo e esforços acabariam sendo em vão. Se fosse para vir a público o fato de que nosso grupo em particular se reunira e redigira um projeto de lei para os bancos, essa lei não teria a menor chance de ser aprovada no Congresso.

Frank Vanderlip, depoimento para o jornal
The Saturday Evening Post, 9 de fevereiro de 1935.

O segredo era importante para os participantes do encontro porque Aldrich, como presidente da Comissão Monetária, fora encarregado de investigar práticas bancárias e recomendar reformas após o pânico de 1907, e não para conspirar com os banqueiros em uma ilha remota. Assim, os

ANTIGO ESPLENDOR

banqueiros que estavam sendo averiguados se reuniram, em sigilo, com o presidente de um comitê de investigação (o cara que supostamente deveria estar investigando os suspeitos) em uma ilha isolada e elaboraram um projeto de lei, o plano Aldrich, para um banco central privado que eles (os suspeitos) possuiriam. Quando o projeto de lei foi apresentado ao Congresso, os debates foram acirrados.

Em um deles, o deputado Charles Lindbergh declarou: "Nosso sistema financeiro é falso e é um fardo imenso para as pessoas. O plano Aldrich é um esquema para favorecer os interesses do Trust. Por que os banqueiros pressionam tão duramente para que o plano seja aprovado, antes que as pessoas saibam o que andaram fazendo?"

Mas o Plano Aldrich nunca foi votado no Congresso, porque era um projeto de lei apoiado pelos republicanos e eles haviam perdido o controle da Casa Legislativa em 1910, e o Senado em 1912.

Sem aceitar a derrota, os banqueiros pegaram o Plano Aldrich, modificaram alguns pequenos detalhes e, em 1913, apresentaram um projeto de lei quase idêntico, denominado Decreto Federal Reserve, e apresentaram ao Congresso.

Mais uma vez, os debates foram exaltados. Muitos enxergaram o projeto de lei de forma cristalina: uma versão embelezada do Plano Aldrich. Mas, em 22 de dezembro de 1913, o Congresso desistiu de seu direito de cunhar moeda e regular seu valor, que lhe fora conferido pela Constituição, e passou esse direito para uma instituição privada, o banco central americano, o Federal Reserve.

O Fed e a morte do dólar

Desde a inauguração do Fed, em 1914, a moeda corrente dos Estados Unidos (o dólar americano) tem sido emprestada de um banco privado (o Fed). A razão para que eu diga "emprestado" é que cada simples dólar que o Fed criou lhe é devido com juros. O Fed cria toda a moeda corrente americana; não é o governo dos Estados Unidos que a faz. Em seguida, o Fed empresta para o governo americano e para as instituições privadas – com juros.

No entanto, o mais desconcertante é a forma como o Fed cria a moeda.

1. Faz empréstimos ao governo ou ao sistema financeiro preenchendo cheques sem fundos.
2. Compra com cheques sem fundos.

26   PAI RICO: COMO INVESTIR EM METAIS PRECIOSOS

Nas palavras do próprio Fed, publicada em um *paper* intitulado *Explicando de Maneira Simples*, de 1977: "Quando você ou eu preenchemos um cheque, é necessário que haja fundo suficiente em nossa conta corrente para cobri-lo, mas quando o Federal Reserve preenche um cheque não há um depósito em banco no qual aquele cheque possa ser cobrado. Quando o Federal Reserve preenche um cheque, está criando dinheiro." Claro, como você já sabe agora, eu solicitaria discordar. Eles estão criando moeda corrente (fiduciária), e não dinheiro.

Aqui está o Federal Reserve em poucas palavras. É requerido de todos os bancos um mecanismo de reservas, o que significa que devem manter certa quantia de moeda corrente à mão para retiradas e coisas assim. Se a reserva requerida pelo Federal Reserve for 10%, então o banco precisa manter 10% da moeda disponível para atender à demanda por retiradas; o restante, ou seja, 90%, é permitido emprestar.

Eis o truque. Na verdade, eles não emprestam a moeda corrente que está na conta. Eles criam novos dólares *fiat* do nada e depois os emprestam. Em outras palavras, quando alguém deposita US$1 mil, o banco pode gerar um crédito de novos US$900, com absolutamente nada, exceto o registro contábil, e depois emprestá-los com juros.

Depois, se esses US$900 emprestados forem depositados em uma conta corrente, novamente o banco pode emprestar 90% disso e de novo, e de novo. O processo se repete sem parar. É o chamado "multiplicador bancário" e acontece com todos os bancos, em todos os lugares do mundo.

Coincidentemente, no mesmo ano em que o Fed foi criado, também houve a criação, nos Estados Unidos, do temido imposto de renda, uma emenda ao artigo 16 da Constituição americana.

Antes de 1913, não havia imposto sobre a renda nos Estados Unidos. O governo se mantinha com taxas sobre as importações e outros impostos sobre álcool, cigarro e gasolina, por exemplo. Esses impostos – e apenas eles – geravam renda suficiente para o governo operar. Entretanto, como não geravam renda suficiente para que o governo pagasse os juros do dinheiro que emprestava do Federal Reserve, o imposto sobre a renda foi criado para complementar os pagamentos.

Bem-vindo ao País das Maravilhas. Bem-vindo a seu novo contexto.

Capítulo 4

Ganância, guerra e funeral do dólar

Com a deflagração da Primeira Guerra Mundial, assim como com todos os exemplos históricos que já avaliamos neste livro, os combatentes interrompem os resgates em ouro, aumentam os impostos, contraem dívidas pesadas e criam moeda corrente adicional. Mas como os Estados Unidos não entraram na guerra por quase três anos, tornaram-se o principal fornecedor durante esse período. Ouro jorrou para dentro do país a uma taxa surpreendente, aumentando os estoques americanos desse metal em mais de 60%. Quando os Aliados europeus não mais conseguiram pagar em ouro, os Estados Unidos lhes concederam crédito. Quando os americanos entraram para a guerra, entretanto, também gastaram a taxas que excediam a renda. A dívida nacional americana passou de US$1 bilhão em 1916 para US$25 bilhões ao final da guerra.

No mundo, o suprimento de moedas correntes estava explodindo.

Após a guerra, o mundo ansiava por um forte comércio e pela estabilidade do padrão ouro internacional que funcionara tão bem antes da guerra. Assim, durante a década de 1920, grande parte dos governos do mundo retornou ao padrão ouro. Mas o novo padrão empregado deixou de ser o clássico padrão do período pré-guerra. Em vez disso, era um falso padrão ouro denominado "padrão de câmbio ouro" ou "padrão divisas".

Parece que os governos nunca aprendem que não se pode enganar o ouro. Durante a guerra, muitos países inflaram drasticamente a oferta de moeda. Mas quando tentaram retornar para o ouro, não quiseram desvalorizar suas moedas com relação a esse metal, o que fazia o número de unidades de moedas (certificados em ouro ou recibos de depósitos em ouro) se harmonizar com o número de unidades de ouro que lastreassem tal moeda corrente. Então, eis aqui a "solução":

Construção de pirâmides

Depois da guerra, os Estados Unidos detinham a maior parte do suprimento de ouro do mundo. De outro lado, muitos países europeus tinham imensa quantidade de dólares (e reduzidas reservas de ouro), devido aos muitos empréstimos que os Estados Unidos haviam feito para os Aliados. Assim, decidiu-se que, sob o padrão de câmbio ouro, o dólar e a libra esterlina, com o ouro, seriam usados como reservas monetárias pelos bancos centrais do mundo e o dólar americano e a libra inglesa seriam resgatáveis em ouro.

Enquanto isso, os Estados Unidos criaram um banco central (o Federal Reserve) e lhes deram o poder de criar moeda corrente do nada. Como é possível criar moeda do nada e, ainda assim, lastreá-la em ouro, você se pergunta. Impõe-se uma cláusula de reserva ao Banco Central (o Federal Reserve), limitando a quantidade de emissão de moeda a certo múltiplo de unidades de ouro que possui em seus cofres. No decreto de 1913, especificou-se que o Fed deveria manter 40% de reserva de "dinheiro legítimo" (ouro ou moeda que pudesse ser resgatável em ouro) no Tesouro Americano.

Esse tipo de banco é como uma pirâmide invertida. Com uma reserva de 10%, US$1 na base da pirâmide pode ser expandido, camada por camada, nos registros contábeis, até que se torne US$10 no topo. Adicionando os bancos comerciais, tornou-se possível colocar uma pirâmide invertida no topo da pirâmide já invertida.

Antes do Federal Reserve, os bancos comerciais, limitados a uma taxa de reserva de 10%, poderiam manter uma peça de ouro de US$20 de valor como reserva e criar outros US$180 de empréstimos, para um total de

US$200. Mas com o Federal Reserve como fundação da pirâmide financeira e com a necessidade de reserva de 40%, o Fed poderia colocar US$50 em circulação para cada US$20 em moedas de ouro que tivesse em seus cofres. E os bancos, por sua vez, como segunda camada da pirâmide, poderiam criar empréstimos de US$450 para um total de US$500.

Com o novo padrão de trocas, os bancos centrais poderiam usar dólares em vez de ouro. Isso significava que, se o Federal Reserve tivesse uma peça de ouro de US$20 no cofre e colocasse US$50 em circulação, então um banco central estrangeiro poderia manter esse US$50 como reserva, a uma taxa de 40%, e imprimir o equivalente a US$125 da própria moeda. Então, quando esses US$125 chegassem aos bancos comerciais, eles poderiam expandi-los para US$1.250, garantidos pelo solitário pedaço original de ouro de US$20. Isso significa que a taxa real de reserva (a porcentagem de dinheiro legítimo que poderia ser pago contra a moeda corrente) era agora nada mais do que 1,6%.

Agora, havia uma pirâmide invertida em cima de uma pirâmide invertida, em cima de outra pirâmide invertida. Altamente insustentável. Basicamente, o padrão de câmbio ouro era um sistema falho que os governos impuseram a seus cidadãos e que permitia aos governos agirem como se suas moedas fossem tão valiosas quanto antes da guerra. Era um sistema fadado ao insucesso.

A ascensão da cultura do crédito

Todo tipo de esquema de pirâmide costuma dar certo no início e não foi diferente com o padrão de câmbio ouro. Com toda nova moeda disponibilizada pelos bancos centrais, muitos empréstimos foram realizados pelos bancos comerciais. Essa abundância monetária conduziu à maior expansão de crédito ao consumidor até hoje, a qual, por sua vez, conduziu ao maior *boom* econômico que os Estados Unidos jamais conheceram.

Até 1913, a maioria dos empréstimos era realizada com fins comerciais. Empréstimos para crédito imobiliário de imóveis não rurais e crédito ao consumidor (para aquisição de automóveis) eram praticamente inexistentes e as taxas de juros eram muito altas. Mas com o advento do Federal Reserve, o crédito para casas, automóveis e para o mercado de capitais ficou barato e fácil. O efeito de baixas taxas de juros, combinado com esses novos tipos de empréstimos, foi imediato; bolhas surgiram por todos os lados. Houve

30   PAI RICO: COMO INVESTIR EM METAIS PRECIOSOS

uma bolha imobiliária na Flórida em 1925 e o estouro famoso da bolha do mercado de capitais de 1929.

Durante a década de 1920, muitos americanos pararam de poupar e começaram a investir, tratando suas contas em corretoras de valores como se fossem cadernetas de poupança, de maneira muito parecida com o que foi feito com as casas na recente bolha do mercado imobiliário americano. Mas uma conta junto a uma corretora não é uma conta de poupança – nem uma casa é. O valor de uma poupança depende de quanto dinheiro você coloca lá. E o valor de uma conta em corretora de valores ou de uma casa depende somente da percepção dos outros. Se alguém acha que seus ativos têm valor, então eles têm. Mas se eles acham que não, então não há valor algum.

Se a economia vai bem ou não, em uma sociedade baseada no crédito, isso depende largamente da percepção de seu povo. Se as pessoas acreditam que a situação vai bem, então elas emprestam e gastam a moeda, e a economia floresce. Mas se as pessoas têm um pouco que seja de ansiedade, se elas têm dúvidas sobre o amanhã, então preste atenção!

Em 1929, o mercado de capitais explodiu, a bolha de crédito estourou e a economia americana, e de boa parte do mundo, entrou em séria depressão.

Os mecanismos da depressão

A explosão da bolha de crédito é um evento deflacionário e, no caso da Grande Depressão, maciçamente deflacionário. Para entender como ocorre a deflação, você precisa saber como nascem as moedas e como elas, depois, se juntam às fileiras dos mortos e desaparecidos.

Quando tomamos empréstimos de um banco, ele não nos empresta a moeda que está em seu cofre. Em vez disso, no momento em que sua caneta assina um contrato de empréstimos ou você recebe uma fatura eletrônica do cartão de crédito, o banco está autorizado a criar o dinheiro na forma de um registro contábil. Em outras palavras, *nós* criamos o dinheiro. O banco não está autorizado a fazer isso sem o nosso consentimento. Nós criamos o dinheiro e, então, o banco pode nos cobrar juros pelo dinheiro que *nós* criamos. Essa nova moeda que acabamos de criar naquele momento torna-se parte da oferta monetária. Grande parte do suprimento da moeda corrente é criada dessa forma.

Mas quando a hipoteca de uma casa é executada ou um empréstimo não é pago, essa moeda desaparece, voltando ao *paraíso* das moedas, de onde ha-

GANÂNCIA, GUERRA E FUNERAL DO DÓLAR   **31**

via surgido. Assim, quando o crédito não dá certo, o suprimento de moedas se contrai e a deflação se estabelece.

Foi isso que aconteceu entre 1930 e 1933 – e foi desastroso. Um terço do suprimento de moeda corrente dos Estados Unidos evaporou no ar, quando uma onda de arrestos e falências varreu o país. Nos três anos seguintes, salários e preços caíram para um terço do valor.

Meu dinheiro, meu dinheiro

A corrida aos bancos também é um evento imensamente deflacionário porque, quando você deposita um centavo no banco, o banco marca aquele centavo como *passivo* em seus registros contábeis. Ou seja, ele deve devolver esse dinheiro para você em algum momento. Entretanto, sob o regime do sistema fracionário (multiplicador bancário), ele está autorizado a criar moeda na forma de crédito (empréstimos), em quantias múltiplas – em nosso exemplo, 90% – em relação ao depósito original e registra em sua contabilidade como *ativos*.

Isso não é normalmente um problema, conquanto o banco não tenha emprestado até o limite máximo permitido. Com apenas uma pequena quantia de reservas "excedentes", o banco consegue cobrir as flutuações do dia a dia porque, em geral, os depósitos e as retiradas chegam bem perto de um equilíbrio. Mas um problema sério pode se desenvolver se muitas pessoas aparecerem para fazer retiradas sem o efeito de contrabalanço da mesma quantidade de pessoas fazendo depósitos. Se as retiradas excederem os depósitos, os bancos retirarão o dinheiro daquele "excesso" de reservas. Uma vez que esse excedente termine, no entanto, o esquema do multiplicador bancário reverte viciosamente. Daquele ponto em diante, para ser capaz de pagar o centavo depositado, o banco precisa liquidar US$9 de empréstimos. Foi isso que aconteceu em 1931, e foi um dos fatores que mais contribuíram para o colapso econômico que se seguiu nos Estados Unidos e no mundo.

Ademais, antes do advento do Federal Reserve, o público tinha US$1 no banco para cada US$1 no bolso. E os bancos costumavam manter US$1 de reserva para cada US$3 de depósitos. Mas graças ao Federal Reserve, por volta de 1929, as pessoas tinham US$11 no banco para cada US$1 no bolso e os bancos tinham apenas US$1 na mão para pagar contra US$13 de depósito. Essa era uma situação altamente perigosa. As pessoas tinham muito di-

32 PAI RICO: COMO INVESTIR EM METAIS PRECIOSOS

nheiro depositado e pouco dinheiro em mãos, e os bancos também tinham pouco dinheiro em mãos para devolver pelos depósitos.

Por volta de novembro de 1930, 250 bancos com mais de US$180 milhões em depósito faliram. Mas isso era apenas o começo. Em 11 de dezembro, as 62 agências do Banco dos Estados Unidos entraram em colapso e, num efeito cascata, arrastaram consigo 352 bancos com mais de US$370 milhões em depósitos, somente naquele mês. Isso foi antes do seguro de depósitos.* A poupança de uma vida inteira, para a maioria das pessoas, evaporou-se completamente, em um piscar de olhos.

Para piorar, em 21 de setembro de 1931, a Grã-Bretanha omitiu-se do padrão de câmbio ouro, atirando o mundo inteiro no caos monetário. Os governos estrangeiros, as empresas e os investidores privados dos Estados Unidos e do mundo começaram a temer que os Estados Unidos seguissem o exemplo.

Dentro dos Estados Unidos, os bancos começaram a ficar sem moedas de ouro, ao mesmo tempo em que uma imensa quantidade de ouro começou a deixar os cofres do Federal Reserve, indo para distantes terras estrangeiras. O esquema da pirâmide, que era o padrão de divisas, começou a desmoronar. Para estancar a sangria, o Fed mais do que dobrou o custo da moeda corrente nos Estados Unidos, aumentando as taxas de juros de 1,5% para 3,5% em apenas uma semana.

Mas 1932 era um ano eleitoral. Depois de três anos convivendo com a Grande Depressão, as pessoas estavam desesperadas por uma mudança e, em novembro, Franklin Delano Roosevelt foi eleito presidente. Ainda que não assumisse até março do ano seguinte, rumores começaram a surgir sobre o fato de que ele iria desvalorizar o dólar. Mais uma vez, o ouro começou a sair dos cofres, à medida que os governos estrangeiros, os investidores estrangeiros e o povo americano perdiam ainda mais a fé no dólar, o que deu início à mais devastadora corrida aos bancos da história americana. Mas dessa vez o povo americano não seria enganado.

A oferta de moeda americana caía tão rapidamente que, se continuasse naquele passo, ao final do ano apenas 22% dela restariam. O futuro da economia americana era aterrorizante e parecia que o dólar cairia no esquecimento.

---

*Nota da Tradutora: Nos Estados Unidos, hoje, estão assegurados os depósitos até US$100 mil. No Brasil, o FGC (Fundo Garantidor de Crédito) garante até R$60 mil, por CPF, contra a mesma instituição ou mesmo conglomerado financeiro.

Ordem executiva

Roosevelt tomou posse em 4 de março de 1933 e, em poucos dias, assinou decretos executivos fechando todas as instituições bancárias para um "feriado", congelando os câmbios por moedas estrangeiras e impedindo os bancos de pagarem em moeda de ouro quando reabrissem. Um mês depois, assinou nova ordem executiva exigindo que todos os cidadãos americanos entregassem a posse privada de ouro ao Federal Reserve, em troca de letras (notas) do banco central americano.

Em 20 de abril, assinou outra ordem que acabava com o direito do cidadão americano de comprar, trocar moedas estrangeiras e/ou transferir moeda para contas no exterior. No mesmo dia, a Emenda Thomas foi enviada ao Congresso, autorizando o presidente a reduzir a quantidade de ouro de US$1, tanto quanto 50% de seu peso anterior. A emenda se transformou em lei em 12 de maio, recebendo a cláusula que dava às letras do Federal Reserve total status de "dinheiro legítimo".

Em 28 de agosto de 1933, Roosevelt assinou um decreto tornando ilegal o direito constitucional dos cidadãos americanos de possuírem ouro. A única escolha do sistema financeiro foi conseguir que o governo proscrevesse o ouro para seus cidadãos, para que os bancos não quebrassem, por falta de condições de cumprir seus contratos, e ocultar a fraude das reservas fracionadas. Roosevelt obedeceu de bom grado.

Primeiro, sob a ameaça de publicar o nome dos "entesouradores de ouro" nos jornais e, depois, sob a ameaça de multas e confinamentos, os Estados Unidos da América, terra dos homens livres e território dos bravos, ordenou a seus cidadãos que entregassem todas as suas propriedades privadas de ouro (o dinheiro em seus bolsos) ao Federal Reserve Bank. Até onde é possível dizer, ninguém sabe ao certo quem imaginou essas proclamações e ordens executivas. Mas algo se tornava claro. O governo não era mais um governo do povo, pelo povo e para o povo. Em vez disso, era o governo dos banqueiros, para os banqueiros e pelos banqueiros.

Mas havia, ainda, uma última proeza ignóbil a ser feita.

Vigilantes do peso

Em 31 de janeiro, Roosevelt assinou um decreto que, efetivamente, desvalorizava o dólar. Antes desse anúncio, eram necessários US$20,67 para com-

34 PAI RICO: COMO INVESTIR EM METAIS PRECIOSOS

prar uma onça *troy*.* Agora, como o dólar instantaneamente tinha 40,09% menos poder de compra, eram necessários US$35 para comprar a mesma quantidade de ouro. Isso também significou que, com relação ao comércio internacional, o governo roubara 40,09% do poder de compra de todo o suprimento de moeda do povo americano – com apenas uma assinatura. Isso é o poder do *fiat money*.

A pior parte dessa história toda é que as pessoas que seguiram as regras e entregaram seu ouro, como decretado, foram as que mais sofreram, porque aqueles que, ilegalmente, mantiveram seu ouro realizaram um lucro de 69,33% devido à pressão que as políticas de Roosevelt exerceram sobre o dólar. Menos de 22% do ouro circulante foi entregue. No entanto, nenhuma pessoa foi presa ou processada por entesouramento.

Apesar dos esforços do governo americano, o ouro venceu no final. O ouro e a vontade do público forçaram o controle do governo. Ao proibir a população de exigir o ouro que lhe era devido e desvalorizar o dólar, os Estados Unidos foram capazes de afastar corridas internacionais pela moeda e puderam dar continuidade ao comércio internacional sob o padrão ouro.

O Gráfico 2 mostra a relação entre o ouro e o dólar americano. A linha cinza é a base monetária dos Estados Unidos (dólares em circulação mais os dólares mantidos no Fed e no sistema financeiro que foram usados como base do sistema bancário fracionário). A linha preta é o total do valor de ouro em estoque (o número de onças em posse do Tesouro multiplicado pelo preço por onça). Ao desvalorizar o dólar de 1/20 de uma onça de ouro para 1/35 de uma onça, o valor do ouro mantido pelo Tesouro americano volta a se equilibrar com o valor da base monetária. Isso significa que o dólar era, uma vez mais, lastreado pelo ouro. E também que não havia mais razão para que o ouro continuasse ilegal, dado que havia ouro suficiente para cobrir cada dólar existente, e o dólar poderia ser, mais uma vez, inteiramente convertido em ouro.

O ouro, uma vez mais, se revalorizara a si próprio, não com o nocaute e a morte da moeda corrente como em casos anteriores, mas por um nocaute técnico. Para estancar a implosão do sistema bancário americano e reconquistar a confiança de seus parceiros internacionais, o ouro forçou o governo americano a desvalorizar a moeda, roubando de seus próprios cidadãos. O ouro continuou sendo o campeão peso-pesado invicto do mundo.

Nota da Tradutora: Uma onça troy equivale a 31,104 gramas.

No entanto, toda dor e sofrimento poderiam ter sido evitados. O ouro e a prata requerem disciplina e restrição dos bancos e dos governos, e ambos, governo e bancos, se ressentem do ouro por causa disso. Numerosos fatores contribuíram para a Grande Depressão, mas a raiz da causa é uma só. Os governos em todo o mundo, juntamente com o Fed americano, os bancos centrais estrangeiros e os bancos comerciais, todos tentaram enganar o ouro.

**Gráfico 2 Base monetária dos Estados Unidos
versus reserva em ouro (1918-1935)**

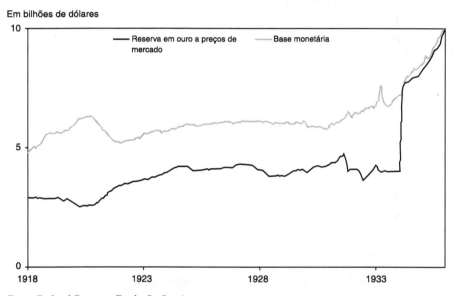

Fonte: Federal Reserve Bank, St. Louis.

Capítulo 5

Sai em ataque o touro dourado

Bretton Woods

Não foram os gastos do governo, nem os programas da administração Roosevelt, tampouco a Segunda Guerra Mundial, como muitas pessoas pensam, que tiraram os Estados Unidos da Grande Depressão. Não. O que tirou os Estados Unidos da Grande Depressão foi o grande influxo de ouro da Europa. Quando os Estados Unidos aumentaram o preço do ouro em quase 70% para US$35 a onça, o preço das mercadorias e dos serviços não aumentou imediatamente na mesma proporção. Lembrem-se: graças à administração Roosevelt, o dólar foi depreciado em mais de 40%. Assim, o poder de compra do dólar no exterior caiu na mesma proporção, reduzindo drasticamente as importações. Mas os países que compravam dos Estados Unidos descobriram que poderiam, então, comprar 70% a mais das coisas que costumavam adquirir.

Além disso, quando um país atrela sua moeda ao ouro, precisa comprar ou vender tanto ouro quanto seja oferecido, ou demandado, para manter o valor da moeda. De repente, todas as empresas mineradoras de ouro estavam vendendo seu ouro para um único comprador, o governo americano. Isso, somado ao imenso superávit do comércio, respondeu pela maior parte dos influxos do ouro entre 1934 e 1937.*

Mas, em 1938, uma nova dimensão foi adicionada ao contexto. Quando a Alemanha de Adolph Hitler anexou a Áustria, o restante da Europa se apavorou, temendo a ameaça sombria da guerra. Houve, então, uma transferência de riqueza dos investimentos na Europa para investimentos nos Estados Unidos, pois os europeus começaram a se preparar para os danos de guerra. As fábricas europeias de mercadorias de consumo foram usadas para produzir armas, munições, aviões e tanques. Por isso, os itens de uso diário tiveram de ser adquiridos nos Estados Unidos. Dessa forma, na verdade, o influxo de ouro, os investimentos estrangeiros e os lucros com a guerra é que tiraram os Estados Unidos da Depressão – e não os programas sociais.

A essa altura, os Estados Unidos detinham aproximadamente dois terços das reservas monetárias em ouro do mundo e a economia florescia vigorosamente. Os Estados Unidos produziam mais da metade do carvão do mundo e dois terços da eletricidade mundial. Estruturalmente, o país não fora tocado pela guerra, enquanto sua base manufatureira cresceu muito ao vender armamentos para a Europa, que pagava em ouro. Rapidamente, os líderes mundiais perceberam a aterrorizante situação econômica em que se encontravam. O imenso desequilíbrio nas trocas significava que, ao fim da guerra, o sistema monetário internacional estaria em frangalhos.

Um ano antes do final da guerra, representantes de 44 países encontraram-se, em julho de 1944, em Bretton Woods, New Hampshire, para compreender como fariam o comércio internacional e o mundo financeiro voltarem a funcionar. Eles necessitavam de um sistema internacional de pagamentos que

---

*Nota da Tradutora: No Brasil, não há posse particular de minas. O subsolo é propriedade do governo, conforme determina a Constituição vigente. O estudo de viabilidade de exploração é que pode ser privado. A legislação brasileira é, portanto, bem diferente da americana nesse aspecto. Quem for investir em metais preciosos no Brasil deve estudar atentamente essas diferenças para não ser prejudicado.

permitisse o comércio sem as graves flutuações nas taxas de câmbio ou o receio de uma súbita depreciação de moeda, do tipo que havia prejudicado seriamente as trocas internacionais durante a Grande Depressão.

Decidiu-se que todos os países do mundo atrelariam suas moedas ao dólar americano e os Estados Unidos tornariam o dólar remissível em ouro, apenas para os bancos centrais, a uma taxa de US$35 a onça. Isso significa que, da Segunda Guerra Mundial em diante, todos os bancos centrais do mundo deveriam ter reservas em dólares, em vez de – ou adicionalmente a – aquilo que havia sobrado de suas reservas em ouro.

Mas havia duas falhas no sistema de Bretton Woods. Na verdade, as falhas eram verdadeiros abismos.

Primeiro: não se estabeleceu a taxa de reserva de quantos dólares poderiam ser criados para cada unidade de ouro, o que permitia que os Estados Unidos acumulassem déficits comerciais e orçamentários e cunhassem dólares para cobrir esses déficits.

Segundo: ainda que os cidadãos americanos não pudessem ter ouro, havia um mercado de ouro aberto ao restante do mundo, operando paralelamente com o mercado de ouro de Bretton Woods.

A guerra de déficit

A Guerra do Vietnã foi a primeira guerra de grande porte em que o público americano não foi chamado a sacrifícios, além, é claro, dos costumeiros impostos. Não se pediu a ninguém que comprasse bônus de guerra. Nem que a economia de consumo se transformasse em economia de guerra. Na verdade, o presidente Lyndon Johnson se recusou a pagar pela guerra por meio de impostos e, como o sistema de Bretton Woods não requeria um índice qualquer de reservas, ele pôde financiar a guerra do Vietnã inteiramente com déficit orçamentário. Essa foi, de fato, uma guerra patrocinada por déficit. Ele adicionou os programas da Grande Sociedade, decretando uma política que emprestava pesadamente para custear tanto a guerra no exterior quanto os programas sociais em casa.

Enquanto os americanos estavam envolvidos em uma guerra fundeada por déficit, Charles de Gaulle, o presidente da França, estava usando as brechas do sistema de Bretton Woods para, secretamente, lançar um ataque bem elaborado ao dólar americano.

De Gaulle Versus Dólar
Revista *Time*, sexta, 12 de fevereiro de 1965

Talvez nunca antes um chefe de Estado tenha lançado um ataque ao poder monetário de uma nação aliada. Nem nunca ninguém de tal estatura fez uma crítica tão devastadora ao sistema monetário internacional desde a sua fundação, em 1944... (como o chamado de) Charles de Gaulle na última semana pedindo um eventual retorno ao padrão ouro clássico... Pouco antes da fala de de Gaulle, o secretário do Tesouro, Douglas Dillon, admitiu publicamente, pela primeira vez, que o déficit da balança de pagamentos, em 1964, subira muito mais do que qualquer pessoa poderia suspeitar, totalizando US$3 bilhões, inteiramente atrelados ao ouro. O Federal Reserve havia anunciado que o suprimento de ouro declinara em US$100 milhões, atingindo o menor nível em 26 anos, US$15,1 bilhões (observe que o déficit de 1964 equivale a 20% do estoque de ouro)... a França converteu US$150 milhões em ouro no mês passado e planeja converter outros US$150 milhões em breve.

A França retirou-se do London Gold Pool, um esquema regulatório que estava fadado a falir, em que os bancos centrais colocariam no mercado toneladas de ouro para manter o preço da onça a US$35, para, assim, poder retomar o reembolso de dólares por ouro. Então, a Grã-Bretanha desvalorizou a libra em novembro de 1967, provocando uma corrida por ouro.

O grupo do London Gold se estendeu até o ponto máximo de ruptura e o fluxo de ouro aumentou 20 vezes. Ao final daquele ano, mais de 1 mil toneladas de ouro haviam deixado os cofres. Durante anos, as vendas do Grupo do London Gold foram, em média, em torno de 5 toneladas por dia. Em março de 1968, as vendas atingiram mais de 200 toneladas diárias!

Dê uma olhada no Gráfico 3. É idêntico ao Gráfico 2, com o acréscimo de 20 anos. Pode-se ver, com clareza, a descontrolada criação de moeda corrente, de meados até o fim dos anos 60. Também é possível ver que, de 1959 até 1971, mais de 50% do ouro americano saiu dos cofres do Tesouro em direção a terras distantes.

Gráfico 3. Base monetária Estados Unidos versus reservas em ouro (1918-1971)

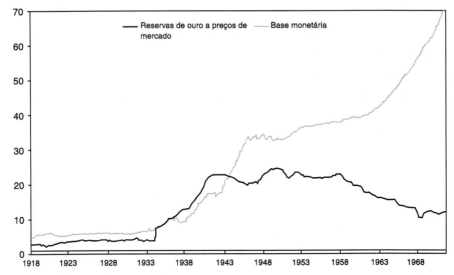

Fonte: Federal Reserve Bank, St. Louis.

O colapso do sistema de Bretton Woods

Em 1971, o sistema de Bretton Woods estava completamente subjugado pela vontade do povo e pelo livre mercado. Mais uma vez, o ouro forçava a mão do governo e, em 15 de agosto de 1971, o presidente Richard Nixon foi obrigado a acabar com o padrão ouro. O dólar americano não mais era conversível pelo metal e todas as moedas passaram a flutuar livremente. Pela primeira vez na história americana, o suprimento de moeda corrente era inteiramente *fiat*. E desde que o sistema de Bretton Woods havia atrelado todas as moedas do mundo ao ouro por meio do dólar, todas as moedas correntes do planeta também se tornaram *fiat,* simultaneamente. Isso foi o equivalente à declaração de falência dos Estados Unidos. O ouro ganhou a disputa e agora estava livre para estabelecer o próprio valor no mercado aberto.

A essa altura, a maioria dos países e dos bancos centrais estava em um padrão dólar, usando essa moeda para suas transações comerciais no lugar do ouro. Com o fim do sistema de Bretton Woods, em 1971, o dólar se libertou de qualquer restrição fiscal, o que permitiu que os Estados Unidos imprimissem tanto papel "ouro" quanto lhe aprouvesse. Um poder que ainda detêm.

Nenhum outro país tem essa vantagem enrustida, e agora os políticos americanos a consideram um patrimônio. Essa vantagem dá aos Estados Unidos a habilidade de operar orçamentos, trocas e outros déficits e desequilíbrios muito além do que o mundo jamais viu.

Também permite aos Estados Unidos taxar não apenas a própria população, mas também a população do mundo inteiro por meio da inflação causada por seu déficit orçamentário. A inflação em uma moeda corrente não respeita fronteiras. Dessa forma, cada novo dólar impresso desvaloriza todos os outros dólares em qualquer lugar do mundo.

Sim, o dólar estava livre das restrições fiscais do ouro, mas o ouro também estava livre do dólar. Em 15 de agosto de 1971, o ouro se tornou dinheiro internacional livre para flutuar, não mais atrelado a qualquer país do mundo.

O *touro dourado*

Após o colapso de Bretton Woods, todas as dívidas criadas nos anos 60 (inflação monetária) para custear a Guerra do Vietnã e os programas da Grande Sociedade voltaram como vingança, na forma de uma inflação dos preços na década de 1970. Coincidentemente, em 15 de agosto de 1971, no mesmo dia em que se desfez do padrão ouro, Nixon reverteu sua posição de crente fiel do sistema livre de mercado e instituiu o controle de preços e salários, congelando-os por 90 dias. Mais uma vez, a história estava se repetindo. Diocleciano cometera o mesmo desatino séculos antes de a economia romana desmoronar. Mas como as taxas de desemprego dispararam, a intenção de 90 dias de congelamento transformou-se em mil dias.

Lembro-me de assistir, no noticiário da tarde, ao protesto de produtores de pêssegos que despejavam suas produções nas estradas, deixando-as apodrecer, porque o preço que podiam legalmente vender estava abaixo do custo de produção. Também me recordo das imagens de caminhões despejando milhares de litros de leite no campo e de criadores de galinhas despejando milhares de pintinhos ainda vivos nas caçambas de lixo. Mais uma vez, provava-se que o mercado regulado pela mão do governo não funciona. O esforço de Nixon foi abandonado e George Shultz, secretário do Tesouro, disse ao presidente: "Ao menos convencemos todo mundo de nossa posição original de que o controle de preços e salários não é a solução."

42 PAI RICO: COMO INVESTIR EM METAIS PRECIOSOS

Em outubro de 1973, estourou a Guerra do Yom Kippur (também conhecida como a quarta guerra entre israelenses e árabes). Quando a maioria dos países ocidentais apoiou Israel, a OPEP (Organização dos Países Exportadores de Petróleo) interrompeu a produção e embargou os carregamentos de petróleo para os Estados Unidos, como punição pelo respaldo a Israel. A maioria das pessoas acredita que esse foi um fator-chave que conduziu os Estados Unidos à inflação dos anos 70. Mais uma vez, elas estão erradas.

Ainda que os Estados Árabes estivessem punindo o Ocidente pelo apoio a Israel, a verdade é que o poder de compra do dólar vinha caindo desde que os Estados Unidos começaram a inundar o mundo com sua moeda, na metade dos anos 60, e o aumento do preço do petróleo serviu apenas para que o valor que a OPEP recebia por barril retornasse aos níveis anteriores ao Sistema de Bretton Woods.

Em 1973, o xá do Irã, um dos aliados americanos mais próximos na região, declarou ao *The New York Times*: "Claro que o (custo do) petróleo vai subir. Vocês aumentaram o preço do trigo que vendem em mais de 300% e o mesmo ocorreu com o açúcar e o cimento... Vocês compram óleo cru e o revendem de volta para nós, refinado como petroquímicos, por um valor 100 vezes maior do que o preço que nos pagaram... é justo que, daqui em diante, vocês passem a pagar mais pelo óleo. Digamos, 10 vezes mais."

Embora o preço do petróleo medido em dólares tivesse crescido drasticamente, o preço aferido em ouro, na verdade, caíra. O aumento do óleo na época, assim como em período recente, serviu apenas para que os produtores pudessem recuperar o poder de compra perdido com o dólar.

Na época, ainda era ilegal, para os americanos, comprar ouro. Finalmente, em 1971, teve início um movimento sério para restaurar o direito de ter o precioso metal, liderado por um homem chamado James Ulysses Blanchard III. Trabalhou arduamente e, por fim, em 31 de dezembro de 1974, o presidente Gerald Ford assinou a lei que tornou legal a posse de ouro pelos cidadãos americanos.

Mesmo sendo o ouro livremente comercializado agora, não era utilizado como moeda, mas sim como *commodity*... ao menos a princípio. As pessoas estavam usando papel-moeda há tanto tempo que acabaram perdendo o interesse em ouro e depositaram fé no papel-moeda.

O preço do ouro começou a subir quase imediatamente, após se desatrelar do dólar. Mas, em 1971, qualquer um que dissesse que poderia alcançar US$50 a onça seria considerado maluco e quem imaginasse que poderia chegar a US$100 provavelmente seria amarrado a uma camisa de força e confinado em um sanatório. Mas, em 1974, o ouro alcançou quase US$200 a onça. Em 1978, quebrou a barreira dos US$200 e, então, algo mudou na forma como o ouro passou a ser transacionado e como o público passou a enxergá-lo. O ouro estava de novo agindo como se moeda corrente fosse.

Em junho de 1979, a revista *Time* publicou um artigo que dizia: "Especuladores, investidores de longo prazo e poupadores colocaram tanto dinheiro no ouro na semana passada que o preço escalou para um recorde de $277,15 a onça... As previsões de que o ouro atingiria US$300 no meio do ano... estão se tornando realidade." As pessoas começaram a se enfileirar em frente às lojas de venda de moedas e os telefones não paravam de tocar nas corretoras de valores. Os Estados Unidos viviam a febre do ouro. Quando o ouro passou de US$300 a onça, os profissionais do mercado e a mídia começaram a advertir que o topo estava próximo e que o investidor poderia sofrer perdas imensas se continuasse a comprar ouro.

Mas os profissionais estavam errados. A febre do ouro acabou se transformando na corrida do ouro do século XX.

Lembro-me de assistir ao noticiário local e ver helicópteros mostrando as filas de pessoas esperando para entrar nas lojas em que se negociava ouro. Esse *dealer* em particular ficava em uma cidade grande e a fila de pessoas que esperavam para ser atendidas dava a volta no quarteirão. As filas eram comparadas àquelas que se formavam para assistir a "Star Wars" ou "Apocalipse Now!".

Na época, não comprei ouro. Tinha 24 anos e estava envolvido com uma empresa que acabara de abrir. Mas meu pai comprou, e também os pais de todos os meus amigos. Eles eram parte da massa pouco sofisticada de investidores que estavam comprando com a manada... e a manada sempre compra no momento errado. De janeiro de 1975 até 1978, houve várias oportunidades para se comprar ouro a US$100 e US$200, mas poucas pessoas o compraram. Somente quando o ouro bateu os US$400, ou mais, é que o público acordou.

A estratégia é simples: compre na baixa, venda na alta. Se você compra na baixa, não precisa tentar bater o tempo exato em que um preço atinge o topo antes da virada. Nos anos 70, um investidor que houvesse comprado o ouro abaixo de US$200 a onça teria sido incrivelmente bem-sucedido em apenas dois anos e teria tido tempo suficiente para vender a mais de US$600. Se alguém tivesse comprado na baixa e vendido no topo teria

44   PAI RICO: COMO INVESTIR EM METAIS PRECIOSOS

realizado um lucro de 8,5 vezes em menos de 3,5 anos. E se tivesse comprado fora dos Estados Unidos, ao final de Bretton Woods, teria dobrado o investimento 24 vezes.

Ao longo da história, os governos e o sistema financeiro começam com certa quantidade de ouro e prata. Então, querendo facilitar as coisas para a população, armazenam o ouro e a prata e imprimem recibos para que os usemos como moeda corrente. O problema é que nunca param de imprimir recibos, vão produzindo cada vez mais, até que, um dia, o público sente o rebaixamento e de repente, em um movimento explosivo, o valor do ouro e da prata se equipara a todos os recibos.

O Gráfico 4 é, mais uma vez, os mesmos Gráficos 2 e 3, mas dessa vez com uma mudança. Ele vai além no tempo, até 1985. A linha preta ainda é o valor das reservas americanas (número de onças possuídas pelo Tesouro, vezes o preço do ouro no período), mas a grande diferença é que, de meados dos anos 60 em diante, existem duas linhas cinza. A linha mais abaixo é a mesma da base monetária dos últimos dois gráficos, mas a linha cinza acima é a base monetária mais a dívida de crédito rotativo (crédito não pago dos saldos de cartão de crédito). Eu argumentaria que essa dívida se adiciona à base monetária. Ainda que os dólares dos cartões de crédito sejam "dólares-fantasma" que são devidos aos bancos e que se materializam por meio de uma assinatura, na verdade compram mercadorias e serviços. Quando o vendedor da mercadoria ou do serviço recebe aquele "dólar-fantasma", ele se torna um dólar comum, dessa vez não mais devido ao banco. E pode prosseguir comprando outras mercadorias e outros serviços e tornar-se o gatilho da inflação de preços. Esse "dólar-fantasma" circula na oferta de moeda corrente até que alguém o recebe de volta e paga o débito do cartão de crédito com ele. Enquanto esse tipo de dívida continuar a crescer, também crescerá a base monetária.

Nesse gráfico incrível, é possível enxergar, novamente, como o ouro dá a resposta que tem dado nos últimos 2.400 anos, assim como ocorreu em Atenas, em 407 a.C. Mesmo que os Estados Unidos tenham perdido metade do ouro existente entre 1959 até 1971, o livre mercado e a vontade do povo fizeram o preço do ouro subir até atingir seu preço plenamente. O ouro subiu até que o valor do estoque do Tesouro ultrapassasse o valor da base monetária de US$135 bilhões. Continuou a subir até que ultrapassasse o valor da base monetária *mais* o crédito rotativo de US$195 bilhões e continuou a subir até que chegou aos US$225 bilhões.

Gráfico 4. Base monetária & crédito rotativo *versus* reservas em ouro (1918-1985)

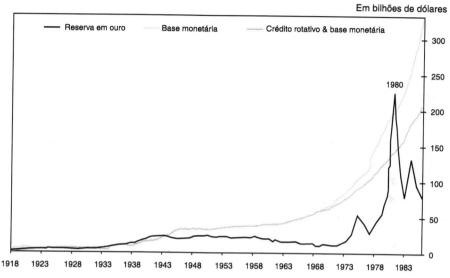

Fonte: Federal Reserve Bank, St. Louis.

Sim, o ouro se comportou como sempre. Em um movimento que o viu subir mais de 24 vezes (2.328,5%) do preço de Bretton Woods de US$35 dólares a onça, ele se reavaliou a si próprio e respondeu por todos os dólares que haviam sido impressos desde a última vez em que se revalorizara, em janeiro de 1934, e também por todas as dívidas de cartão de crédito. Mas o aspecto mais impressionante é que, uma vez mais, por um curto espaço de tempo, os Estados Unidos tiveram a oportunidade de voltar ao padrão ouro clássico.

Para os investidores, foi bom que o Federal Reserve e o governo americano tivessem preferido não retornar ao padrão ouro, porque, se tivessem decidido nesse sentido, a maior transferência de riqueza da história da humanidade não estaria acontecendo, tampouco a oportunidade de ter grande parte dessa riqueza transferida para você. Mas isso está acontecendo e a riqueza pode, afinal, ser sua! Continue a ler.

Capítulo 6

Booms e crises

Os homens, dizem, pensam em bando e enlouquecem em bando, e se recobram lentamente, mas, dessa vez, um a um.

CHARLES MACKAY, *EXTRAORDINARY POPULAR DELUSIONS AND THE MADNESS OF* CROWDS, 1841

A quebra do mercado acionário de 1987 é conhecida como a Segunda-Feira Negra, mas costumo chamá-la de Segunda-Feira Misteriosa, porque ninguém sabe exatamente por que ela aconteceu. Uma coisa é certa: o *crash* de 1987 foi a maior quebra de um dia na história. A explicação mais popular é a do uso do computador para executar estratégias de compra e venda; outros dizem que foi uma correção, decorrente da sobrevalorização das ações, ou, ainda, responsabilizam a falta de liquidez. Uma das melhores explicações que ouvi foi que havia muita similaridade com o que aconteceu antes da crise de 1929. Os rumores se espalharam e as dinâmicas de manada e a psicologia de massas imperaram.

A causa real do *crash* provavelmente remonta ao período final dos anos 70 e início dos anos 80. Paul Vocker assumiu como presidente do Federal Reserve em agosto de 1979 e percebeu a necessidade de aumentar as taxas reais (taxa de juros menos inflação) para o terreno do positivo e, com isso, aumentar o controle sobre a inflação desenfreada e o preço do ouro.

As taxas mais altas serviram apenas para fazer a recessão se agravar, e quando Ronald Reagan assumiu a Casa Branca, em 1981, a economia estava em péssimo estado. Em março de 1983, o Fed eliminou a exigência de reserva obrigatória que os bancos têm de manter em cofre para os depósitos no prazo de 30 meses ou mais, aumentando, dessa forma, o suprimento de moeda corrente para estimular a economia. Além disso, reduziu as taxas de juros de 11% para 6,25%.

Todo esse dinheiro tinha de ir para algum lugar. A economia deslanchou como um foguete e o índice acionário S&P 500 mais do que duplicou, indo de 100 pontos para 338. Em curto período, o índice foi de extremamente subvalorizado para hipervalorizado.

Uma euforia similar a qualquer outra bolha e crise do mercado financeiro amealhou o investimento do público. Essa euforia fez as pessoas acreditarem, uma vez mais, que o mercado sempre sobe. Devido ao crescimento forte da economia, no entanto, a inflação se tornou um problema sério. O Fed aumentou as taxas de juros de curto prazo para amenizar a inflação. Isso teve um efeito negativo imediato no mercado acionário.

Na quarta-feira, 14 de outubro, teve início um movimento intenso de realização de lucros. Na sexta, o índice Dow Jones da Bolsa de Nova York já havia derretido mais de 10%. Então, na segunda, 19 de outubro de 1987, a maioria dos acionistas americanos tentou vender, simultaneamente. O mercado não conseguiu administrar tantas ordens de venda de uma só vez, e a maioria das pessoas não conseguiu vender, porque não havia compradores. O Dow Jones perdeu 22,6% e mais de US$500 bilhões de riqueza foram transferidos em apenas um dia. A crise não ficou confinada aos Estados Unidos. Mercados na Austrália, no Canadá, em Hong Kong e no Reino Unido caíram 41,8%; 22,5%; 45,8% e 26,4%, respectivamente.

Temendo que o *crash* da bolsa provocasse depressão mundial ou crise financeira – ou, ainda, ambos os efeitos –, o Fed interveio aumentando o estoque de moeda, o que trouxe o efeito colateral de transformar os *booms* do mercado imobiliário, que vinham ocorrendo em diversas partes dos Estados Unidos, em minibolhas.

A montanha-russa do mercado imobiliário

Nessa época, o valor dos imóveis disparou. Uma amiga íntima tinha uma casa em Los Angeles que ela havia comprado, em 1970, por US$64 mil. Em janeiro de 1986, a casa foi avaliada em US$425 mil. Em 1988, toda aquela nova moeda que fora criada depois da explosão da bolha do mercado acionário, um ano antes, levou à eclosão do preço dos imóveis. Ao final de 1989, minha amiga novamente mandou avaliar sua casa, mas, dessa vez, disseram-lhe que a casa valia US$1,3 milhão... um aumento incrível de 200% em apenas quatro anos! As pessoas em sua área estavam vendendo as casas como loucas, placas de "Vende-se" pipocavam em todos os quarteirões e parecia que todos só falavam de imóveis, em vender ou se tornar um corretor de imóveis.

Durante todo o ano de 1988 e o primeiro trimestre de 1989, o Fed aumentou as taxas de juros de apenas 6,5% para quase 10%, a fim de tentar estancar o frenesi da especulação. O Fed conseguiu seu objetivo, o *boom* das propriedades cedeu e desmoronou, e a recessão teve início na Costa Leste dos Estados Unidos, atravessando o país e chegando à Costa Oeste. Então, em 2 de agosto de 1990, o Iraque invadiu o Kuwait e, em 17 de janeiro de 1991, os Estados Unidos deram início à operação "Tempestade no Deserto". Uma vez mais, os Estados Unidos entravam em uma guerra financiada por déficit, com a qual não podiam arcar.

Os preços das casas caíram ainda mais e o país entrou em recessão. Em resposta, o Fed cortou a exigência de reservas obrigatórias para depósitos a prazo de 3% para 0% e, em 1992, a exigência de reservas obrigatórias de depósitos à vista de 12% para 10%. No mesmo período, as taxas de juros despencaram de 8% para menos de 3%. Porém, essas medidas causaram muito pouco efeito imediato e a economia continuou afundando. Ironicamente, quando comecei a escrever este livro (quase 20 anos depois), os Estados Unidos tinham novamente um Bush na presidência (George W.), estavam novamente em guerra com o Oriente Médio, os preços das casas despencaram drasticamente, as taxas de juros variaram de 2% ou menos e a economia estava deixando muito a desejar.

Lembram-se da casa de US$1,3 milhão de minha amiga em 1989? Em sua região, o preço das casas caiu drasticamente. Um dos vizinhos, que era construtor, possuía 14 casas em construção na vizinhança. Quando as casas deixaram de ser vendidas e os preços começaram a cair, foi forçado a abrir

BOOMS E CRISES

falência e todas as casas foram retomadas pelo banco financiador. Os bancos não querem possuir casas; querem ter empréstimos imobiliários sobre as casas. Assim, o banco colocou todas as 14 casas à venda de uma só vez, precificando-as um pouco abaixo do valor das casas da vizinhança, e, ainda assim, não conseguiu vendê-las. Em pouco mais de dois meses, outros dois bancos colocaram casas – que também haviam arrestado – à venda no mesmo local. Nada era vendido e todos estavam tentando negociar suas casas a um preço pouco abaixo do vizinho, pois queriam estar certos de que as venderiam logo.

No outono de 1992, o mercado imobiliário afundou na vizinhança de minha amiga. Sua vizinha, que vivia do outro lado da rua, vendeu a casa no final de 1992 por US$425 mil. A casa ocupava um terreno maior, tinha uma boa vista, mas valia menos de US$500 mil. O valor percebido da casa caíra de US$1,3 milhão para menos de US$500 mil em apenas três anos. Na região, o preço das casas caiu mais de 60%.

No pico de 1989, uma casa na quadra de minha amiga foi vendida por US$1 milhão. Essa casa estava em péssimas condições. Eu vi; a pintura estava descascada, o jardim, destroçado, e nunca havia sido reformada desde a sua construção no início dos anos 50. O novo dono deu 20% de entrada (US$200 mil) e emprestou o restante. Infelizmente para ele, o preço das casas caiu de forma rápida e drástica. O preço de sua casa chegou a US$400 mil. Isso significou que ele devia ao banco duas vezes o valor que a casa valia, fora a entrada.

Para agravar a situação, quando ele comprou a casa, a taxa de juros do Fed estava em torno de 10% e, em 1993, não passava de 3%, mas o banco não quis refinanciar uma dívida de US$800 mil para uma casa avaliada em US$400 mil.*

Assim, o pobre sujeito estava amarrado a um financiamento imobiliário de US$800 mil, a uma taxa de juros de 12% ao ano e, ainda que as taxas médias de financiamento tivessem caído para menos de 6%, ele não conseguia refinanciar. Ele ficou nessa situação por 10 anos, até que sua casa finalmente excedeu o valor de compra em 1999.

Nota da Tradutora: No Brasil, não é possível refinanciar uma casa que já é objeto de empréstimo imobiliário. Mas isso é comum nos Estados Unidos. A questão é que, quando há muita divergência em relação às taxas de juros entre o antigo e o novo financiamento, o mutuário americano pode encontrar dificuldades de fazer a mudança, como é o caso aqui ilustrado.

50   PAI RICO: COMO INVESTIR EM METAIS PRECIOSOS

Qualquer um que, nos Estados Unidos, tivesse comprado casas no início da década de 1990 conseguiu facilmente bons negócios e, pouco depois, os valores do mercado imobiliário valorizaram-se como nunca antes no passado.

Todo esse jogo do Fed com as porcentagens das reservas obrigatórias e as taxas de juros, em 1991 e 1992, finalmente replicou em forma de vingança em 1995, quando o suprimento de moeda corrente explodiu e não mais voltou a ser controlado. Entre 1995 e 2005, cresceu 125%. Isso significa que, em apenas 10 anos, mais moeda foi criada do que em todos os 853 anos precedentes. Na verdade, mais moeda foi criada do que em toda a história dos Estados Unidos e, como resultado, a situação provocou o maior *boom* a que o mercado imobiliário americano jamais assistiu, assim como bolhas diversas em renda fixa, derivativos, consumo, endividamento e, claro, mais uma vez, em ações.

A bomba tecnológica

Mas a bolha de todas as bolhas – talvez com exceção da bolha recente do mercado imobiliário – foi a bolha de tecnologia do final dos anos 90.

Não vou apresentar uma série de fatos, porque ela ainda é bem recente e muitos lembram, mas é uma história que começou aos poucos com empresas honestas que surgiram com bons produtos no momento certo.

A valorização rápida e os grandes lucros atraíram outras empresas que subiram na imensa onda tecnológica. À medida que a onda se acelerava, as massas perderam o senso coletivo e atiraram dinheiro em companhias sem qualquer substância. Assim, basicamente, qualquer um que tivesse uma ideia poderia juntar-se a outras pessoas, criar uma empresa, fazer ofertas públicas de ações, comprar Ferraris, instalar um campo de golfe em seu quintal e lançar ações no mercado como papel higiênico.

Para impedir o derretimento do mercado do *bug* do milênio (o chamado Y2K), o Fed, sob o comando de Alan Greenspan, bombeou tanta liquidez para os mercados que eles passaram a subir a uma velocidade impressionante.

A especulação frenética sugou tanto capital que acabou se tornando um esquema de pirâmide que requeria, crescentemente, uma montanha de dinheiro para manter a trajetória ascendente.

Em essência, as pontocom se transformaram em ponto bomba. O efeito financeiro adverso incluiu a explosão da bolha das pontocom, o colapso de empresas como a Enron, a WorldCom e a Global Crossing. Muitos investidores perderam suas reservas para a aposentadoria, suas casas e suas poupanças.

Como você já deve ter adivinhado, a lição é: se você mergulhar de cabeça em um mercado no qual todos estão fazendo o mesmo, provavelmente será muito tarde. Por outro lado, se você chegar cedo, quando há fundamentalmente subvalorização, então espere até ficar sobrevalorizado e venda quando um topo verdadeiro estiver estabelecido, então você vai se dar bem.

No caso da Nasdaq, decorreram 14 anos para que as pessoas comprassem ações de tecnologia, quando o índice estava abaixo de 1.000 pontos, e elas tiveram cerca de um ano para vender acima de 3.500. Se o tempo (*timing*) estivesse correto, seria possível vender a 4.000 ou 4.500. Infelizmente, foi quando a maioria das pessoas começou a comprar, e não a vender. No final, a bolha explodiu e arruinou muitas vidas.

Isso requer muita educação e investigação financeira para se encontrar a classe de ativos que está subvalorizada no começo de um novo mercado em ascensão (chamado de *bull market*). Essas oportunidades somente se apresentam para aqueles poucos que realmente fazem a lição de casa e para aqueles que são capazes de pensar por si mesmos. A maioria dos investidores consegue suas dicas no mesmo lugar que todos os outros. Fazem as coisas da maneira mais fácil e esperam por conselhos que vêm da televisão, das grandes empresas de investimentos e dos amigos e vizinhos que já ficaram ricos... no papel, ao menos.

Durante a corrida das pontocom, a maioria dos investidores que comprou segundo os conselhos da mídia também comprou no ponto máximo. Acreditavam no "novo paradigma" e no sentimento de que a "ações de tecnologia subiriam para sempre". E compraram depois que as ações da Nasdaq passaram de 3.000 pontos. E seguraram, esperando por uma reviravolta quando o índice afundou muito aquém dos 2.000 pontos.

Lembre-se: em tempos financeiros difíceis, a riqueza não é destruída. Ela é transferida. As oportunidades criadas são imensas para o investidor financeiramente educado. A dor – e o sofrimento – que representou a bolha da Nasdaq poderia não só ter sido evitada, como também capitalizada, pelos investidores com coragem de mudar de curso quando as coisas pareciam não ir muito bem (como acontecera em 1999, com a Nasdaq indo na vertical). Estou me referindo aos investidores que são suficientemente preparados para perceber a diferença entre *preço* e *valor*. O *preço* nada significa... já o *valor* é tudo.

Parte II

Hoje

Capítulo 7

Qual é o valor?

Desde o fim de Bretton Woods, nos anos 70, o dólar tem sido um mentiroso sujo, "duas faces", traidor. E ainda é tudo isso hoje.

Enquanto escrevo este capítulo, o índice Dow Jones, da Bolsa de Nova York, está a 13.000 pontos e tentando puxar o norte em direção aos 14.000, no qual já esteve antes. Estamos presenciando a explosão daquela que foi a maior bolha do mundo imobiliário de todos os tempos. O preço da casa de minha amiga voltou a cair.

Enquanto você lê estas linhas, o Dow Jones pode estar a 15.000 ou menos de 10.000. Mas não importa se o Dow Jones ou o mercado imobiliário estão subindo ou descendo em termos de preço. Não importa qual seja o valor em dólares, ambos, o Dow Jones e o mercado imobiliário, sempre têm quebrado ao longo dos anos.

O Dow Jones e as outras coisas

Em 4 de outubro de 2006, o Dow Jones quebrou o recorde, estabelecido no ano 2000, de 11.750 pontos, e a imprensa financeira comemorou. Na verdade, o *valor* do Dow atingiu o pico em 1999-2001 e, desde então, vem caindo, com ou sem crise. Se você ainda não se educou financeiramente, não pode perceber a ação insidiosa da inflação em seu portfólio. Esse é um ponto cego com o qual o investidor precisa se preocupar – e se resguardar – se quiser prosperar.

Qualquer época em que parece que qualquer coisa está subindo – ações, títulos, imóveis, *commodities* ou virtualmente qualquer investimento em que você possa pensar –, é preciso parar e se perguntar: "Por quê?" Se o preço das ações e dos imóveis está disparando, será que não estão sugando moeda corrente de outros setores? A única razão para o índice da bolsa estar subindo é porque o governo está bombeando tanto dinheiro no suprimento de moeda corrente que todas as classes de ativos estão subindo... exceto a própria moeda! Se todas as coisas estão subindo (ficando mais caras), isso significa que a moeda está caindo!

Sob essas condições, a única forma de verificar onde reside o verdadeiro valor das coisas é eliminar a moeda corrente da equação. É preciso medir cada uma das classes de ativos, não com a moeda – em nosso caso aqui, o dólar –, mas contra outra classe de ativos.

Para se ter uma ideia da situação das ações, peguei o Dow Jones de Nova York como uma representação das ações (isso representa, na verdade, dar às ações uma vantagem injusta, visto que o Dow Jones é o índice de melhor desempenho que existe, mas vou lutar com minhas mãos amarradas nas costas) e, então, vou medi-lo em comparação com todo o resto em que eu puder pensar. Para fazer isso, peguei o Dow Jones e o dividi pelo preço do outro ativo que estou usando para fazer a comparação.

Cada gráfico será o preço do índice Dow medido em "coisas"..., como a quantos barris de petróleo ou onças de ouro o Dow Jones corresponde? O resultado? Ao medir o Dow em termos de poder de compra, fica claro que as ações já vinham declinando há algum tempo, antes da crise de 2008, mesmo quando o preço vinha subindo em relação ao dólar. Todas as informações que seguem vão até abril de 2008.

Desde janeiro de 2002, o dólar caiu 31,25% em relação a outras moedas. Isso fez o dinheiro real (ouro) aumentar em moeda corrente (dólar), à medida que mais e mais investidores passaram a investir em ouro.

No Gráfico 7, meço o Dow da forma como todos estão acostumados a ver – em dólares. No Gráfico 8, eu o meço em relação ao dinheiro verdadeiro (ouro), e não à moeda corrente. Eram necessárias quase 45 onças de ouro para comprar uma fração do Dow em 1999. Se alguém

Gráfico 5. Dólar

Gráfico 6. Ouro

Gráfico 7. Índice Dow Jones em dólares

Gráfico 8. Dow Jones em ouro

vendesse essa fração do Dow Jones em 1999, ela poderia comprar 45 onças de ouro. Ao escrever este livro, a pessoa estaria comprando apenas 15 onças. Assim, medido em dinheiro real, o Dow perdera dois terços de seu valor e quebrara a 67%.

Gosto dos Gráficos 9 e 10 porque mostram quanto das coisas reais (na média) o Dow Jones conseguia comprar nos Estados Unidos. Representam o Dow Jones dividido pelo índice de *commodities* e pelo preço dos produtos agrícolas. *Commodities* são mercadorias compradas ou usadas para fabricar os produtos que compramos. O índice de preços da agricultura corresponde a isso e às coisas que comemos ou usamos. Esses gráficos incluem tudo, de cobre a aço, de gás natural a óleo, de gado a grãos, algodão, açúcar e suco de laranja. O que esses gráficos estão dizendo é que podíamos comprar três vezes mais se tivéssemos vendido as ações em 1999, em comparação com o ano de 2006 (e muito mais ainda se comparássemos os gráficos no pós-crise de 2008).

O Gráfico 11 é, provavelmente, o mais importante porque mostra quantos barris de petróleo cru (nossa fonte principal de energia) poderiam ser comprados com os lucros do Dow Jones. Se você vendesse uma fração

Gráfico 9. Dow Jones em termos de *commodities*

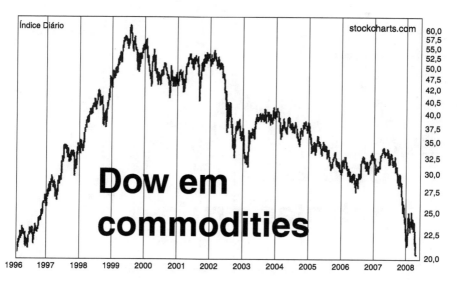

Gráfico 10. Dow Jones em termos de índices da agricultura

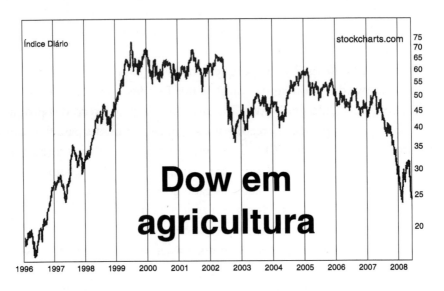

Gráfico 11. Dow Jones em termos de petróleo cru

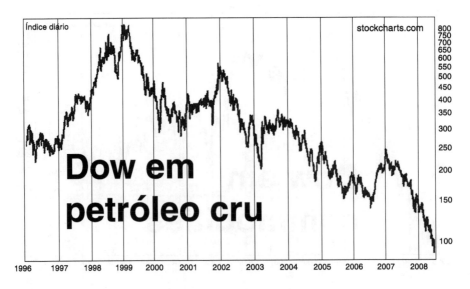

Gráfico 12. Dow Jones em termos de metais industriais

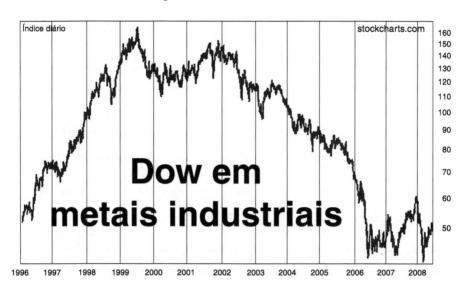

baseada no Dow Jones no começo de 1999, poderia comprar 800 barris de petróleo. No intervalo que estamos analisando, o Dow em comparação ao petróleo perdeu 87,5%.* Lembre-se de que o petróleo não acaba somente em gasolina. É a *commodity* mais útil que existe. É usada em remédios, fertilizantes, plásticos, piche para o asfalto e fabricação de pneus dos carros.

Em relação a carros, além do plástico, eles são feitos de metais como aço, zinco, cobre e chumbo. O Gráfico 12 mostra que, em comparação com o Dow Jones, o índice de preços dos metais industriais, o índice da bolsa de valores, se desvalorizou em 75%. E acredite se quiser: essa é uma das razões para o péssimo desempenho de empresas como a GM ou a Ford. Os custos dos fabricantes de carro subiram muito e os lucros sumiram.

O Gráfico 13 mostra o desempenho relativo do Dow Jones (linha de baixo) comparado ao ouro (linha do meio) e à prata (linha de cima). Como ponto de partida, selecionei o início de um mercado de alta para os metais, em 2001. Todos se agrupam juntos, na linha zero. Como você pode ver, a partir de 2001, o Dow subiu apenas 15%, enquanto o ouro disparou em 250% e a prata, em 300%!

---

*Nota da Tradutora: O preço do petróleo caiu bastante no período de julho de 2008 em diante.

Gráfico 13. Desempenho relativo do Dow Jones – ouro e prata

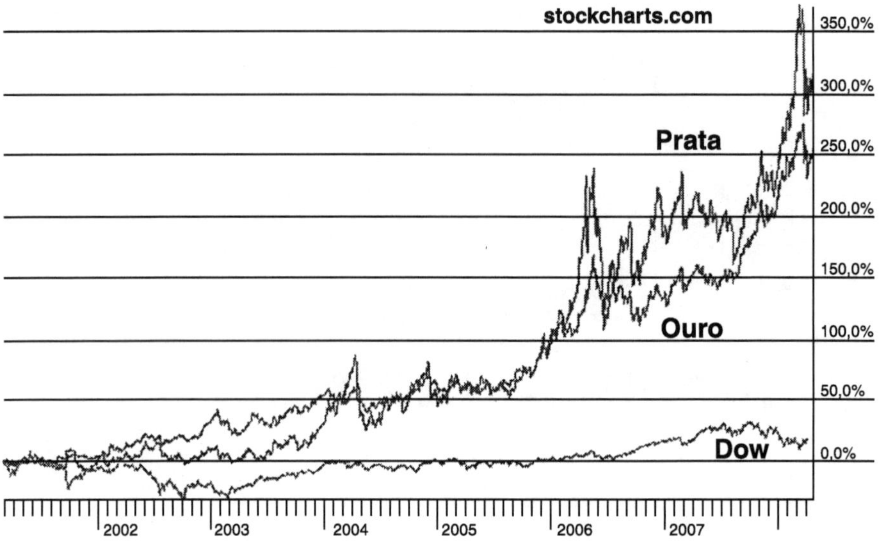

stockcharts.com

Prata

Ouro

Dow

350,0%
300,0%
250,0%
200,0%
150,0%
100,0%
50,0%
0,0%

2002 2003 2004 2005 2006 2007

Valor versus *preço*

Sempre que se vir como um investidor bem informado em uma situação em que as massas ainda não dominam o que está acontecendo, você tem uma vantagem. Uma vez que o ciclo tenha mudado e você verificar que as condições mudaram, você pode ser bem-sucedido. Qualquer investidor que faça bem a lição de casa, assuma uma posição no início de um ciclo, espere que as massas acordem e entrem no pico da onda existe uma chance extremamente boa de fazer toneladas de dinheiro.

Questão: Então, como vejo qual é o valor?

Resposta: Você precisa parar de aferir valor pela moeda corrente. A moeda não pode lhe dizer qual é o valor verdadeiro, porque ela não diz a verdade.

As pessoas sempre me perguntam: "Até onde o preço do ouro pode chegar?" A resposta que esperam de mim é um preço em dólares. Pare de pensar dessa maneira! Não é o preço do ouro que importa, mas sim quantos bens você poderá comprar. Se eu dissesse: "O ouro vai subir até US$1 milhão a onça", a maioria das pessoas pensaria: "Ótimo", e todos sairiam correndo para comprar tanto ouro quanto pudessem. Mas então eu completaria: "Porém, um cafezinho vai custar US$1 bilhão", então elas responderiam: "Vamos ver... isso significa que um copo de café custaria 1 mil onças de ouro. Isso não é nada bom." Sob tais condições, as pessoas venderiam todo o ouro enquanto ainda valesse alguma coisa, e não esperariam até que subisse para 1 milhão a onça e, efetivamente, não valesse nada.

Pergunta: Por que vivo repetindo *valor verdadeiro*?

Resposta: Porque é a única maneira de dizer se uma classe de ativos está sub ou sobrevalorizada, e nada é mais importante para um investidor.

Então, como se mede o valor verdadeiro? O primeiro passo é parar de confiar no dólar e começar a usar valor intrínseco para medir coisas com valor intrínseco.

Para exemplificar, pergunto: Qual é o valor de sua casa? Você provavelmente sabe o preço, mas qual é o *valor*?

Aqui está como se descobre. A maioria das pessoas sabe o preço de outras casas que estão sendo vendidas na vizinhança, então faça uma estimativa do preço de sua casa. Em seguida, divida o preço da casa pelo índice da Bolsa de Valores e descubra quantos lotes de ações você poderia comprar. Faça o mesmo com o ouro e descubra quantas onças de ouro você conseguiria comprar. Em seguida, procure saber quantos barris de petróleo você compraria.

Esse tipo de informação pode parecer inútil, mas uma vez que você analisa o preço por uma perspectiva histórica, usando algo além de moeda para medir o valor corrente, descobrirá que, ao longo do tempo, quase nada sobe. Sério. Medidas em moeda, as coisas parecem subir de valor, mas na realidade apenas o preço sobe. Medido em valor, tudo anda de lado, ziguezagueando ao longo do tempo. Se você traçar um gráfico, verificará que quase tudo, em termos de valores, passa de sub para sobrevalorizado e de sobre para subvalorizado de novo e de novo. Quando você aprender a reconhecer os padrões dos valores nos ciclos, então a informação se tornará realmente preciosa.

Você deve estar se perguntando: *O que faz as coisas passarem de sobre para subvalorizadas?*

O valor muda quando o público corre de uma classe de ativos para outra. Em geral, as massas perseguem a classe de ativos que é a sensação do momento, que está nas capas das revistas, nos programas de televisão, como a melhor forma de enriquecer, a onda em que *todos* estão surfando.

Essas são as classes de ativos que estão sugando capital de outras classes de ativos. E, ao fazer isso, aquela que é a *estrela* do momento se torna sobrevalorizada. E aquela que não é se subvaloriza. É simples assim.

Do fim da Segunda Guerra Mundial até 1996, os ativos *estrelas*, nos Estados Unidos, eram as ações e os imóveis. De 1996 até 1980, foram as *commodities* (e o ouro, desde que deixou de ser moeda). De 1980 até 2000, voltaram a ser as ações e os imóveis. E, na virada do século, as *commodities* voltaram a ser a sensação. Aqueles que são verdadeiramente inteligentes do ponto de vista financeiro não só são capazes de reconhecer esses ciclos, como também sabem usar a informação para capitalizar com eles.

Agora que você entendeu o que é valor verdadeiro e a história de como o ouro e a prata se autorreavaliaram ao longo dos séculos, vamos dar uma olhada no combustível que levará o preço do ouro e da prata às alturas no futuro.

Capítulo 8

A preparação

Casas novas estavam sendo construídas em todas as direções e uma prosperidade ilusória parecia tomar conta das cidades, e maravilhavam tanto os olhos da nação que ninguém pôde enxergar a nuvem negra que anunciava, no horizonte, a tempestade que rapidamente se aproximava.

CHARLES MACKAY, *EXTRAORDINARY POPULAR DELUSIONS AND THE MADNESS OF CROWDS*, 1841

No começo deste livro, falamos da tempestade econômica perfeita. Neste capítulo, falaremos das nuvens escuras que antecedem essa tempestade. Acredite ou não, eu não queria escrever este capítulo. Queria manter este livro num tom otimista. Mas isso seria irresponsável, porque o que mostrarei são os principais motores do incrível aumento futuro do valor real (em poder de compra) dos metais preciosos.

Devo admitir que, quando comecei a pesquisar para escrever este capítulo, fiquei assustado e desenvolvi uma mentalidade defensiva. Então, encontrei-me com Robert Kiyosaki e ele mudou minha atitude em questão de minutos, apontando para o fato de que, quanto maior uma crise, maiores as oportunidades que surgem. Poderia me esconder e ressurgir após a destruição, ou poderia lucrar com a inevitável tempestade. É por isso que tenho tanto respeito por Robert e por aquilo que ele faz. Em vez de usar seu conhecimento e sabedoria apenas em benefício próprio, ele acredita na educação de todos. Seu desejo é ver vidas transformadas para melhor, por meio de uma mensagem de educação e inteligência financeira. E, por Deus, essa é uma mensagem que serve para todos!

Montanha de dívidas

Em 13 de fevereiro de 2009, o Congresso americano autorizou o aumento do teto da dívida nacional americana para US$12.104 trilhões, o sétimo aumento em apenas oito anos. Poucos meses depois, em junho de 2009, a dívida já atingira US$11.382 trilhões.* Isso significa que um bebê que nasce em 2009 vem ao mundo já devendo mais de US$30 mil. Mas isso é o que bebê deve apenas em razão de nosso descuidado déficit orçamentário, dólares gastos no passado (dívida). Que tal o déficit desastrado prometido às futuras gerações, como a previdência oficial e a assistência social?

Passivos sem fundos

Programas oficiais são passivos sem fundos. São promessas feitas aos cidadãos, de várias partes do mundo, que, um dia no futuro, terão de ser pagas. "Sem fundos" significa que, quando os governos fizeram tais promessas, não solucionaram *a priori* (em alguns casos, sequer pensaram a respeito) como arrumariam dinheiro para pagar pelas promessas no futuro.

Nos Estados Unidos, o problema é realmente sério. No ano de 2000, os passivos representavam duas vezes o PIB americano. Seis anos depois, em 2006, já ultrapassavam quatro vezes o PIB. A economia americana cresceu 25% nesse período e o passivo social, 150%. O monstro desse passivo sem fundos está crescendo seis vezes mais rápido do que a economia americana.

Michael Hodges – pai e avô preocupado – publica o interessante "Relatório Econômico do Vovô" (*Grandfather Economic Report*).** O relatório é

Nota da Tradutora: Valor atualizado na tradução.

** *Nota da Tradutora*: Esse relatório está disponível, e é constantemente atualizado, em http://mwhodges.home.att.net.

A PREPARAÇÃO

fantástico. Ele foi além de apenas analisar dívidas e passivos. Pegou todas as dívidas dos governos estaduais, municipais, domiciliares, negociais, mais a dívida do setor financeiro e do governo federal (referida como dívida nacional), e adicionou os passivos da previdência e da assistência social. O total é estarrecedor. Está, no momento em que escrevo estas linhas, em US$117 trilhões, e aumenta diariamente, excedendo o crescimento da economia americana. Já é mais de US$1 milhão por família americana. Isso significa que, nos Estados Unidos, cada homem, mulher ou criança deve US$370 mil... mesmo um bebê recém-nascido: "Bem-vindo ao mundo. Aqui está sua conta!"

Para se ter uma ideia da dívida americana, pense da seguinte maneira: se uma pessoa gastasse US$1 por segundo, 24 horas por dia, nos 365 dias do ano, levaria 18 vezes mais a existência do homem moderno para gastar os US$100 trilhões. Se colocássemos 16 notas de US$1 no chão, lado a lado, e depois continuássemos empilhando notas de US$1 sobre elas, ao término de US$100 trilhões, todas as 16 pilhas alcançariam a lua. E ainda sobraria dinheiro suficiente para enterrar Los Angeles. Quem precisa de terremotos se temos dívida nacional?

Será que os políticos de Washington enlouqueceram? Será que todos os americanos enlouqueceram? Será que estamos todos nos enfiando em um buraco do qual não seremos capazes de sair? A resposta é sim, sim, sim e SIM!

Uma voz sensata

Por muitos anos, David Walker foi auditor chefe do Tesouro americano. Há muito tempo está na estrada falando, a todos que queiram ouvir, sobre os riscos dos gastos excessivos do governo.

Ele acredita que a política fiscal americana é a maior ameaça ao bem-estar da maior economia do mundo. Veja o que ele disse no programa de televisão "60 Minutos": "Creio que a mais séria ameaça que os Estados Unidos enfrentam não é alguém se escondendo em uma caverna no Afeganistão ou no Paquistão, mas nossa irresponsabilidade fiscal."

Ele costuma dizer sobre o monstro dos passivos sem receita:

O problema é que, nas próximas décadas, não haverá trabalhadores de período integral que promovam crescimento econômico forte o suficiente para sustentar esses programas. Como a maioria dos países industrializados, os Estados Unidos terão menos trabalhadores pagando impostos e contribuindo para os programas sociais do governo federal. Ao mesmo tempo, um número crescente de aposentados exigirá suas previdências, seus auxílios de saúde e outros benefícios.

A menos que ocorra uma reforma previdenciária e de assistência social, esses programas representarão, em algum momento, todo o gasto do governo. Em 2040, se não ocorrer a reforma, o governo americano nada mais fará além de pagar aposentadorias e juros da maciça dívida nacional.

O Gráfico 14 resultou do site do Tesouro americano, www.fms.treas. gov. Aqui, os gastos com saúde (Medicare) são medidos como uma porcentagem do PIB americano (Gráfico 18). A linha sólida corresponde ao valor que o governo espera receber para cobrir as despesas; e a linha interrompida é quanto o governo espera que sejam os custos reais.

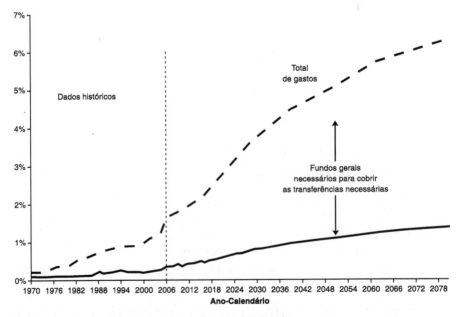

Gráfico 14. Assistência médica oficial/Renda estatal transferida e gastos como porcentagem do PIB (1970-2081)

Fonte: Centros de Assistência Social (Medicare & Medicaid).

Escutem os profetas e os lucros

Robert Kiyosaki comenta que quando a previdência social americana (o Social Security) foi criada em 1925, havia 42 trabalhadores para cada aposentado, enquanto hoje há 3,3 e, em 2030, haverá apenas dois. Isso é o efeito do envelhecimento da geração que nasceu no pós-Segunda Guerra Mundial – os chamados *baby-boomers*. Outro efeito é que o maior *crash* do mercado de capitais ainda está por vir, porque, à medida que os *baby-boomers* começarem a se aposentar, terão de retirar o dinheiro de suas reservas previdenciárias privadas (os chamados IRA – Individual Retirement Account), quase inteiramente investidas em ações; isso resultará em considerável aumento da oferta de ações, sem demanda suficiente de compra para as ações que estarão sendo vendidas. E isso, em economia, é tão básico quanto possível: grandes ofertas e baixas demandas equivalem a quedas de preços. Todos os investidores deveriam ler *As profecias do Pai Rico*, de Robert Kiyosaki e Sharon Lechter, porque a obra nos fornece insights valiosos de como a aposentadoria em massa dos *baby boomers* afetará a vida de todos, em muitos lugares do mundo. Recomendo essa leitura; aliás, na verdade, se você quer sobreviver ao que está vindo, a leitura é obrigatória.

Outra pessoa que tem um profundo entendimento do assunto é o deputado Ron Paul. Desde 1976, tem estado em todas as comissões do Congresso Americano que tratam de bancos e do sistema financeiro.

Eu tive a honra de entrevistá-lo (você pode ler a entrevista inteira em goldSilver.com). Fiz algumas perguntas bastante duras sobre a economia e ele respondeu com surpreendente honestidade e candura. Aqui está o que ele declarou sobre esses passivos sociais dos Estados Unidos:

> "É tudo tão imenso que ninguém consegue compreender completamente. É algo na casa de muitos e muitos trilhões de dólares. Tudo que sabemos com certeza é que não é viável e vai desmoronar.
>
> Sempre digo às pessoas idosas: 'Você vai sempre receber um pagamento. Sempre lhe daremos dinheiro para sua aposentadoria e esse valor sempre subirá. Mas sempre esconderemos qual é a taxa real da inflação... assim, sua aposentadoria permanecerá igual ou cairá. Você sempre receberá um contracheque, mas a questão é: o que ele irá comprar? Se o preço da eletricidade dobrar e seu contracheque de aposentadoria não dobrar, você terá sérios problemas!'

70   PAI RICO: COMO INVESTIR EM METAIS PRECIOSOS

Acho que os Estados Unidos ficarão cada vez mais pobres e a subvenção terá de acabar, porque apenas imprimir mais dinheiro e aumentar o déficit ou esperar que os países estrangeiros continuem a emprestar dinheiro não vai dar certo. É só um sonho – e é muito, mas muito sério."

Sim, isso é que é contar a verdade dos fatos!

A loja chinesa

A maioria das pessoas acha que os Estados Unidos estão emprestando a maior parte da poupança do mundo para custear seu déficit. Até Ben Bernanke, atual chefe do Fed, que preside o banco com taxas crescentes de inflação, fez um discurso, em 2005, intitulado "O excesso de poupança global e o atual déficit dos EUA". O discurso fez parecer que o restante do mundo sempre poupa muito, tanto que não lhes resta outra coisa a não ser emprestar para os Estados Unidos.

As pessoas acreditam que o excesso de dólares que vai para fora dos Estados Unidos, em virtude do déficit comercial, volta para o país na forma de empréstimos. Isso não é inteiramente verdade. É verdade que há muitos investimentos estrangeiros diretos sendo realizados nos Estados Unidos, mas não chegam nem perto da extensão do que é relatado. Então, onde está toda aquela moeda corrente que compra os títulos do Tesouro americano (as chamadas *T-bill*) para custear o déficit do governo? Resposta: os países que são os principais parceiros comerciais dos Estados Unidos a criam.

A China é o melhor exemplo; então, começaremos por lá. Quando alguém nos Estados Unidos compra algo feito na China, aquele vendedor comprou o produto do homem de negócios chinês e pagou em dólares americanos. O chinês, então, depositou aqueles dólares em sua conta corrente do banco local na China. O banco converte os dólares em yuan (a moeda chinesa). Agora, o banco local passa a ter excesso de dólares e escassez de yuans, então vende os dólares extras para o Banco do Povo da China (PBOC, o banco central chinês) e compra mais yuans.

Conquanto houvesse equilíbrio comercial entre ambos os países, não haveria problema algum. Mas quando um país está, continuamente, deficitário e o outro continuamente superavitário, como o caso entre Estados Unidos e China, tem início o problema.

A PREPARAÇÃO

No caso da China, como há mais moeda entrando no país do que saindo, a RPC (República Popular da China) acaba com um enorme excesso de dólares. Sob as regras do jogo do comércio internacional e o câmbio de moedas, eles, supostamente, deveriam vender esse excesso no Forex (*foreign exchange market*, ou seja, mercado internacional de divisas) e comprar yuans. Mas isso significa que haveria excesso de dólares e escassez de yuans, o que poderia provocar queda do dólar e valorização do yuan. As mercadorias chinesas ficariam, então, mais caras nos Estados Unidos, o que acarretaria a redução das exportações chinesas – e essa é a última coisa que a China quer.

Assim, para contornar o comércio internacional e o jogo da moeda de câmbio, a China dribla as regras. O PBOC pega os dólares extras e os neutraliza ao comprar um ativo designado em dólar, comumente algum tipo de instrumento financeiro que paga juros, como os títulos do Tesouro americano. Isso impede que o Yuan suba e que o dólar caia.

Esse procedimento é conhecido como "neutralização" ou "esterilização" do excesso de fluxo de moeda. O engraçado é que os Estados Unidos fizeram exatamente a mesma coisa ao neutralizar o excesso de fluxo de ouro, nos anos 20, para manter o dólar artificialmente baixo e as exportações em alta, e isso foi o principal fator de contribuição para a Grande Depressão.

Se o PBOC usa o excesso de dólares para comprar as *T-bills*, e não compra yuans no Forex para vender para os empresários locais, onde o PBOC consegue o yuan? Richard Duncan, em seu livro *A crise do dólar*, explica da seguinte forma:

Há um erro generalizado de concepção de que os Estados Unidos dependem da poupança de outros países para financiar seu déficit atual. Isso é incorreto. Em anos recentes, ao menos, o déficit americano tem sido financiado principalmente por moeda criada pelos bancos centrais de outros países.

Ou seja, não se trata de os Estados Unidos estarem usando a poupança do restante do mundo para custear seu déficit. Trata-se do déficit sendo financiado pelos bancos centrais dos parceiros comerciais dos Estados Unidos. De sua parte, os bancos centrais asiáticos, em particular, têm demonstrado, consistentemente, habilidade e disposição para criar dinheiro que financia o atual déficit americano.

72   PAI RICO: COMO INVESTIR EM METAIS PRECIOSOS

Como já disse, os Estados Unidos estavam esterilizando o fluxo excessivo de ouro nos anos 20, justamente como faz a China hoje, esterilizando o excesso de dólares; por isso, a história se repete. É o mesmo jogo com pequenas mudanças. Bem, grandes mudanças, na verdade. Quando a Europa pagou aos Estados Unidos em ouro, o Federal Reserve *enganou* o ouro, trancando-o em algum cofre, em vez de expandir o suprimento de moeda para alcançar equilíbrio monetário. Com isso, os Estados Unidos evitaram a inflação incomensurável que a expansão monetária causaria e mantiveram baixo o preço de suas mercadorias, garantindo assim a continuidade do superávit comercial. Isso foi imensamente deflacionário. À medida que o restante do mundo comprava mercadorias americanas baratas, o ouro desaparecia no buraco negro do Federal Reserve e o suprimento mundial de moeda corrente se contraía.

Quando a China esteriliza o excesso de moeda, contudo, o processo é extremamente inflacionário. Para cada dólar excedente que a China neutraliza ao comprar títulos do governo americano, o PBOC tem de conjurar, do nada, uma quantia equivalente de yuans. Essa moeda está tinindo de nova, comumente chamada de "dinheiro turbinado" porque, quando chega aos bancos comerciais, é usada como reserva de depósitos.

Por mais de duas décadas, a inflação da moeda da China fez expandir seu sistema financeiro e de capitais e o setor manufatureiro, mas agora ela está, finalmente, atingindo o nível de consumo. A inflação de preços está aumentando significativamente, os trabalhadores estão reclamando do custo de vida e isso tem feito Pequim pedir aos governos locais para aumentarem o salário mínimo, que é um custo que as empresas repassarão para os consumidores na forma de aumento de preços, o que, por sua vez, fará os trabalhadores reclamarem do custo de vida e assim por diante. Mas o aumento de preços gerado pela inflação da moeda não é um problema interno da China. Logo, os produtos chineses de exportação estarão sofrendo com o problema inflacionário.

Recentemente entrevistei para ocupar um cargo uma mulher que, juntamente com o marido, havia possuído, desde 1983, uma bem-sucedida empresa que importava mercadorias, principalmente da China. Mas, ultimamente, os preços têm aumentado muito. Um dos aumentos ocorreu tão rapidamente que eles nem haviam imprimido, ainda, a folha de preços do lote anterior. Por conta dos novos preços mais altos, as mercadorias deles deixaram de ser competitivas, por isso ela estava procurando emprego. Como afirmou Ben Simpfendorfer, estrategista em China do Royal Bank of Scotland: "Assim como a China foi uma influência deflacionária nos últimos 10 anos, será uma influência inflacionária nos próximos 10."

Tudo isso é o livre mercado, mais uma vez, ganhando das intromissões e correções de desequilíbrios que fazem nossos governos. A China atrelou sua moeda lá embaixo, para manter as exportações baratas. Para tanto, teve de criar moeda corrente. Esse suprimento extra leva ao aumento do custo de vida e dos salários. Salários maiores dos trabalhadores aumentam os custos de produção de mercadorias, que por sua vez aumentam os preços, sejam elas consumidas dentro ou fora da China. O preço maior, dentro dos Estados Unidos, faz os americanos comprarem menos. Esse ciclo continuará até que o desequilíbrio comercial seja corrigido.

Como resultado de todos esse jogos que podem ser jogados com um sistema de moeda *fiat*, o déficit total acumulado dos Estados Unidos cresceu US$7 trilhões desde que acabou o padrão ouro em 1971 (Gráfico 15). Esses déficits têm sido sustentados por moeda fiduciária (*fiat*) criada pelos outros bancos centrais ao redor do mundo. Enquanto isso, os bancos estão acu-

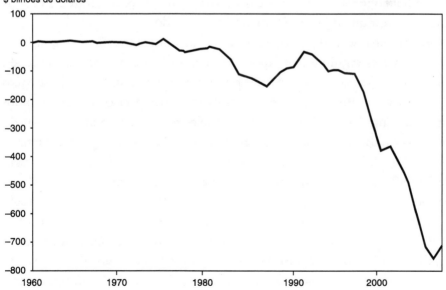

Gráfico 15. Balança comercial dos Estados Unidos

Fonte: US Census Bureau.

74   PAI RICO: COMO INVESTIR EM METAIS PRECIOSOS

mulando montanhas crescentes da dívida americana (*treasuries*) e, artificial-mente, segurando o valor do dólar. Grande parte da dívida americana não pode ser paga, e se os parceiros dos Estados Unidos começarem a se desfazer dos títulos americanos (processo conhecido como *dumping*) nos mercados mundiais a bolha inteira de crédito explodirá, resultando em uma grande recessão mundial. Quanto mais os governos e os bancos centrais tentam enganar o livre mercado, maior será a dor e o prejuízo quando houver correção. Assim como acontece com os metais preciosos, o livre mercado sempre ganha.

A bomba financeira do Japão

Há outra maneira de um país manter as exportações elevadas e sua moeda corrente em baixa. Em 2003, a economia japonesa estava em frangalhos e sofrendo de uma deflação longa, vagarosa e tirânica, da qual não conseguia se desvencilhar desde o *crash* de seu mercado acionário, em 1989. Em um esforço para uma virada da maré econômica, o Japão embarcou em um dos maiores experimentos de criação de moeda desde a Segunda Guerra Mundial. Em novembro de 2002, Ben Bernanke, então diretor do Fed, fez uma pesquisa acadêmica, quando era professor de Princeton, sobre o sofrimento recessivo do Japão, e fez um discurso, hoje famoso, sobre despejar dinheiro de um helicóptero no ar, se fosse necessário, para prevenir um revés econômico como o que o Japão estava experimentando.

Em janeiro de 2003, o Japão acatou, quase literalmente, esse conselho. Nos 15 meses seguintes, os japoneses criaram quase 35 trilhões de ienes, que usaram para comprar US$320 bilhões, pressionando o iene para baixo e o dólar para cima e mantendo suas exportações para os Estados Unidos artificialmente baixas. Então usaram aqueles ienes para comprar títulos do governo americano. Isso deu um tremendo gás à economia japonesa e tirou os Estados Unidos de uma das mais curtas recessões registradas (a recessão de 2001-2003), ajudando a provocar a maior bolha do mercado imobiliário de todos os tempos. Os juros, nos Estados Unidos, caíram aos níveis históricos mais baixos já vistos, o crédito estava barato e as pessoas começaram a adquirir imóveis, para investir, e não para morar, em números recordes. Eu não preciso contar como essa história acabou. Você ainda está sentindo os efeitos do *crash* do mercado. A bomba econômica do Japão remontava, então, a 1% do produto interno bruto do mundo.

A dívida internacional

Um fato ignorado com frequência é que a maior parte das reservas monetárias nos bancos centrais do mundo não são moedas correntes, mas títulos, em geral americanos.

Eu tinha uma séria dificuldade para compreender o sistema financeiro mundial. Provavelmente você também mistifica um pouco esse sistema. Felizmente, um dia ocorreu-me uma analogia e me ajudou a conectar os pontos.

Imagine uma sala imensa. Nessa sala, estão os chefes do Tesouro americano, do Federal Reserve, dos bancos centrais do mundo, todos os chefes dos bancos comerciais do planeta e um bando de poderosos da elite do mercado de capitais. Em seguida, imagine-os escrevendo e passando promissórias de dívidas, freneticamente, uns aos outros, tão rápido quanto possam. Esse é o sistema financeiro mundial.

A base para o funcionamento do sistema é um título emitido pelo Tesouro de um país, o ministro das Finanças, ou seja lá o que for que usam em seu país... por ora, chamaremos apenas de governo. Esses títulos do governo são a base do sistema monetário mundial. Os títulos dizem: "Eu devo a você X-quantidade de moeda mais X-quantidade de juros."

Muitas entidades compram esses títulos. Mas quando um país quer criar moeda, o governo vende um título para seu banco central. Esse banco central preenche um cheque para o governo contra um saldo zero em sua própria contabilidade, por seja lá quantos dólares, ienes, euros (ou outra moeda local) que o governo quiser e compra o título. Surge a moeda e, mais tarde, ela será usada para resgatar o próprio título que lhe deu origem. Assim, o título é uma nota promissória para a moeda corrente.

Mas como a moeda criada é um cheque para resgatar o título quando este se tornar maduro (chegar a hora de ser resgatado), a moeda também é uma nota promissória para o título. Entendeu? Não? Eu também não! É isso tudo de fato é uma loucura. Se você ou eu fizermos isso, seremos acusados de fraude!

Com a moeda na mão, o governo a faz circular ao pagar a pessoas e comprar mercadorias. As pessoas depositam a moeda nos bancos; dessa forma, os bancos e outras entidades acabam com um monte de moeda corrente. Quando uma pessoa quer comprar uma casa, vai ao banco e toma um empréstimo assinando uma hipoteca. Esse contrato hipotecário também diz:

76 PAI RICO: COMO INVESTIR EM METAIS PRECIOSOS

"Devo a você uma X-quantidade de moeda, mais uma X-quantidade de juros." O banco cria uma entrada em sua contabilidade para a quantidade de moeda que foi emprestada e, ao mesmo tempo, uma entrada contábil é feita como uma dívida que você deve em sua conta de empréstimos. Na contabilidade bancária, os passivos são liquidados contra ativos para que o livro contábil fique em equilíbrio e o banco, feliz. Mas o banco não emprestou a você dinheiro que tivesse em mãos. Apenas criou registros contábeis. Quando você assinou aquela hipoteca, a moeda emprestada surge do nada no exato instante em que sua caneta atinge o papel. O banco acabou de expandir o suprimento de moeda do mundo.

O jogo da moeda

Odeio dizer isso, mas o sistema de moeda está contra você. Como pessoa comum que trabalha duro para poupar seu dinheiro em um banco, você será o maior perdedor de todo sistema. Os grandes ganhadores são os setores financeiros, que criam moeda nova. Ficam cada vez mais ricos, e você, cada vez mais pobre.

A razão para o sistema financeiro ser tão rico é bem simples. Todas as vezes que alguém falsifica dinheiro (seja ilegalmente ou, no caso do sistema bancário, legalmente), efetivamente tira-se valor da moeda já existente, transferindo-o para a nova moeda criada. Quando nova moeda corrente é criada, o poder de compra máximo é transferido para seu criador, porque não custa nada para ele emitir a nova moeda. Mais ainda, quando o criador empresta a nova moeda, exige o retorno da moeda com juros. Assim, o criador faz moeda do nada, roubando valor de seu dinheiro e, então, empresta essa moeda para outros e ainda exige que mais moeda daquela que criou retorne para ele.

O emprestador recebe o segundo maior valor das unidades de moeda porque ela não entra em circulação até que compre algo. Uma vez que ele compre, então a moeda entra em circulação e desvaloriza o suprimento de moeda existente, o que, como você já adivinhou, faz os preços de coisas como gasolina e leite aumentarem. Agora, fica mais caro para você comprar esses itens. O emprestador de moeda recém-criada obtém mais benefícios do que as outras pessoas precisamente porque não tem de pagar o preço, por assim dizer. Ele compra suas mercadorias com o dinheiro emprestado antes que a nova moeda surta efeito no suprimento

A PREPARAÇÃO

existente de moeda. Esse é o conceito de emprestar hoje e pagar amanhã com dinheiro depreciado.

Investidores inteligentes usam esse sistema com superioridade competitiva. Seja usando margem* no mercado financeiro ou investindo no mercado imobiliário, o poder da criação da moeda confere grande transferência de riqueza para aqueles que usam a alavancagem com sabedoria. Emprestadores que financiam a compra de seu carro ou da casa própria empobrecem ao transferir a própria riqueza para os bancos e financeiras.

A emissão de moeda também é uma das formas pelas quais uma classe de ativos passa de subvalorizada a sobrevalorizada. Quando uma moeda recém-criada entra para um setor particular, digamos o imobiliário, isso faz os ativos daquele setor inflarem. As pessoas enxergam a onda de riqueza sendo gerada e sobem nela, em geral, na crista da onda, pouco antes de ela arrebentar. No processo, enormes quantidades de moeda se movem de outros ativos para a classe de ativos que está borbulhando. A classe de ativos de onde o dinheiro está sendo retirado se desvaloriza e os investidores inteligentes começam, então, a tirar o dinheiro do ativo inflado de volta para a classe desvalorizada.

O sistema financeiro é moral? Não. Mas é o sistema sob o qual vivemos e que confere grande poder àqueles que o entendem e que podem manipulá-lo. O sistema inteiro é construído para transferir riqueza daqueles que não o compreendem para aqueles que sabem o que fazem. Como disse o deputado americano Ron Paul, crédito farto e sistema de moeda corrente *fiat* são "um imposto sobre os pobres e a classe média".

A convergência

Neste capítulo, falamos de déficit orçamentário, passivos sem lastro, desequilíbrios comerciais e sistema bancário, coisas que possibilitam a tempestade econômica perfeita.

O conteúdo abordado neste capítulo arranha apenas a superfície. Os problemas e desequilíbrios que o sistema global está enfrentando poderiam encher muitos volumes de livros. E tudo isso ocorre junto com desequilíbrios no sistema financeiro global, ameaças terroristas, redução dos su-

---

Nota da Tradutora: No mercado financeiro, "usar margem" significa, de forma sucinta, emprestar para investir.

primentos de petróleo (quando metade da população do mundo procura desenvolver-se nos mesmos níveis de prosperidade – e uso de energia – do mundo ocidental), aquecimento global e o governo dos Estados Unidos – e praticamente toda sua população – afundado em dívidas.

O fazendeiro sábio, quando sabe que uma tempestade está chegando, coloca seus animais em segurança e se prepara para o pior. Temos de fazer o mesmo financeiramente. Ainda que a tempestade seja terrível para aqueles que não estão financeiramente educados, ela é boa notícia para os investidores em metais preciosos. Não digo para ficarmos aguardando, nem que devemos agradecer a nossos políticos, que desperdiçam o dinheiro de nossos impostos e fazem promessas que não podem cumprir. Mas parece que os governos não aprendem com a história.

Estou tentando fazer o possível para impedir que prossigam com essa prática. Protesto em voz alta. Escrevo para deputados e senadores. E escrevi este livro. Se não consigo impedi-los, farei tudo para não apenas me proteger da estupidez dos políticos, como também lucrar com ela. Porque cada novo dólar criado expande o suprimento global de todo tipo de moeda, exceto duas. Ouro e prata são as duas únicas moedas que não podem criar.

A história sempre se repete. Quando uma civilização rebaixa a oferta de moeda, todo suprimento perseguirá, uma vez mais, aquela mesma pequena pilha de metal, e o ouro e a prata se reavaliarão a si próprios contra essas próprias moedas. Isso acontecerá aos Estados Unidos, assim como aconteceu com todos os outros impérios da história. Aqueles que reconhecerem isso se tornarão inacreditavelmente ricos.

Capítulo 9

A tempestade econômica perfeita

Já falamos sobre a tempestade econômica perfeita. Não há nada que possamos fazer com relação a isso quando os eventos que estão ocorrendo, uma vez que se convergem, resultam em tempestades rápidas que trazem destruição econômica devastadora. Os efeitos podem não ser tão impressionantes quanto o que ocorre com a natureza; ainda assim, a destruição é tão real quanto. E se você acha que o governo vai ajudá-lo, está plenamente enganado.

O sistema político é estruturado para punir qualquer um que pense ou faça planos para além de quatro anos no futuro. Nos dias de hoje, a única forma de um político ser eleito é prometendo mais coisas gratuitas do que seu adversário. Mas o público parece não perceber que o "grátis" não é exatamente gratuito.

Seria suicídio político sugerir algum corte em qualquer uma das áreas do orçamento. Se for sugerido um corte no orçamento militar, a ala da direita dirá que isso é antinacionalista e há terroristas nos ameaçando em nosso quintal. Se forem sugeridos cortes nos programas sociais, várias associações

80 PAI RICO: COMO INVESTIR EM METAIS PRECIOSOS

jogarão um tsunami de eleitores contra o candidato. A questão é que cada assunto é o "mais importante do momento". É por isso que as escolhas mais difíceis que devem ser feitas para proteger a economia não serão feitas.

A isso, você deve adicionar o fato de que os Estados Unidos e o mundo ocidental, em geral, tornaram-se sociedades socialistas vivendo sob a ilusão de que ainda são regidas pelo sistema capitalista de livre mercado. Esquecemos que nós somos o governo. O governo não é algum tipo de entidade benevolente separada de nós com bolsos ilimitados. Sempre que algum problema surge, a maioria das pessoas sempre diz a mesma coisa: "O governo deveria fazer algo a respeito." Todos parecem pensar que o governo deveria ser a rede de segurança de todos nós. Quando os fundos de investimentos e os bancos alavancaram-se excessivamente, eles acharam que o governo deveria livrá-los da situação crítica; quando os donos de empréstimos imobiliários deixaram de pagar suas dívidas, acreditaram que o governo deveria salvá-los. Parece que não compreendemos a conexão entre uma ação do governo e o fato de que age com metade da eficiência e o dobro dos custos do sistema privado. E, em seguida, entrega ao público a conta, seja por meio de impostos diretos ou taxas inflacionárias. Isso significa que, ao fim de tudo, todos nós pagamos.

O maior problema é que contratamos (isto é, elegemos) pessoas que decidem como nosso dinheiro deve ser gasto. Eu me aventuraria a dizer que 99% dos políticos que encarregamos de distribuir nossa riqueza, e assim têm a tarefa de administrar a economia, nada sabem sobre assuntos econômicos. E, se sabem, realmente não se importam.

Em seu livro de 2002, *As profecias do Pai Rico*, Robert Kiyosaki e Sharon Lechter dão insights sobre como construir a própria arca de Noé; assim, você pode velejar pela tempestade causada pelas políticas descuidadas do governo. Acredito que uma das melhores formas de se proteger é transferir a riqueza para uma classe de ativos que suporte as grandes marés. Em minha opinião, a classe de ativos é a dos metais preciosos – tema deste livro.

Governo gigante e inflação

O maior problema que os Estados Unidos e muitos outros países enfrentam é o gigantismo do governo. São monstros que precisam ser constantemente alimentados. Antes do New Deal, de Roosevelt, o governo americano representava não mais que 3% da economia; em 2007, já chegava a 26%. E se

A TEMPESTADE ECONÔMICA PERFEITA

você acrescentar o governo estadual e municipal, mais os custos de regulação e de todos os negócios que proveem mercadorias e serviços para todas as agências governamentais, isso representará mais do que 50% da economia americana.

Uma das principais coisas com que se preocupar em uma tempestade econômica perfeita é o governo ser chamado para o resgate. Com um governo tão grande e invasivo, e com todos esperando que ele forneça rede de segurança para cada possível contingência, certamente isso acaba sempre acontecendo. Nunca se teve por objetivo dar essa função aos governos. Como disse o famoso economista Milton Friedman, "o governo tem três funções primárias: prover defesa militar, exigir cumprimento de contratos entre os indivíduos e proteger os cidadãos contra crimes praticados em relação a si próprios e às suas propriedades. Quando o governo – bem-intencionado – tenta rearranjar a economia, legislar a moralidade ou atender a interesses especiais, o custo vem na forma de ineficiência, falta de inovação e perda da liberdade. O governo deve ser um juiz, e não um jogador ativo".

As pessoas não têm ideia sobre quanto realmente custa salvar as instituições financeiras privadas. A crise do final dos anos 80 custou aos contribuintes americanos US$150 bilhões, e a população, em 1989, não chegava a 250 milhões de pessoas. Isso significa que cada pessoa, nos Estados Unidos, pagou mais de US$600 (US$1 mil, nos valores de 2007) em taxas ou impostos, para consertar os problemas gerados pela estupidez daquelas instituições financeiras. Mas isso não é nada comparado com a crise atual, cujos valores ultrapassarão US$1 trilhão.

Muitos economistas e especialistas em finanças acreditam que esses desequilíbrios podem resultar em deflação, inflação, estagflação ou hiperinflação.

Deflação: é uma contração do suprimento de moeda, que faz a moeda ganhar valor e os preços caírem. A deflação pode ocorrer rapidamente, como foi o caso da Grande Depressão, ou vagarosamente, como foi o caso do Japão nos anos 90.

Inflação: é um aumento da oferta de moeda, fazendo-a perder valor lentamente e os preços aumentarem.

Estagflação: é uma estagnação econômica, possivelmente com recessão econômica, combinada com alto desemprego e altas taxas de inflação, como ocorreu nos anos 70.

Hiperinflação: é a inflação sob efeito de esteroides. Não há uma definição exata do ponto no qual uma taxa grande de inflação se torna uma hiperinflação. Alguns dizem que é quando a inflação atinge de 20% a 30% ao mês. Prefiro pensar que é o ponto em que a confiança na moeda corrente está caindo mais rápido do que a moeda pode ser impressa e, assim, o valor total do suprimento de moeda se contrai, não importa quão rápido se aumente a quantidade da oferta. O Comitê Internacional de Contabilidade (The International Accounting Standards Committee) diz que a hiperinflação ocorre quando a inflação acumulada se aproxima ou excede 100% em um período de três anos. Isso é apenas 26% de inflação anual – um número que não é difícil atingir. Mas a definição que mais gosto é a de John Williams, que diz que é quando "a maior nota de papel-moeda (US$100 nos Estados Unidos, R$100 no Brasil) se torna mais útil como papel higiênico do que como moeda".

Vamos examinar, em alguns cenários, como seria o desempenho do ouro e da prata nas diferentes situações.

Antes que eu comece, contudo, gostaria que você tivesse em mente, antes da próxima seção, o seguinte mantra:

Não há cenário possível em que o valor do ouro e da prata não suba.

Siga a Corrida do Ouro

CENÁRIO 1: INFLAÇÃO SUAVE (AS COISAS CONTINUAM MAIS OU MENOS COMO ESTÃO)

Creio que esse seja o cenário menos provável. Há muito desequilíbrio econômico no mundo para que as coisas continuem do jeito que está. Até mesmo Ben Bernanke concorda: "O imenso déficit de conta corrente dos Estados Unidos não pode persistir indefinidamente, porque a habilidade dos EUA em pagar o serviço da dívida e a vontade dos estrangeiros em continuar colocando ativos americanos em seus portfólios são ambas limitadas."

Em outras palavras, os Estados Unidos compram coisas de todo mundo, então todos compram títulos do governo americano, das empresas, ações (propriedade parcial), títulos imobiliários e tantas outras coisas. Os americanos compram coisas do restante do mundo e vendem pedaços dos Estados Unidos... e isso é um problema muito sério.

Já mostrei neste livro quão profundo e grande é o problema do desequilíbrio comercial. A razão pela qual acredito que a inflação moderada será o resultado menos provável desse desequilíbrio é porque, eventualmente, o mundo perderá a confiança no dólar americano. Nesse dia, todos desejarão trocar seus títulos (U.S. Treasuries) por dinheiro. Infelizmente, os americanos não terão dinheiro para pagar e terão de imprimir papel-moeda. Seja qual for o efeito que isso terá no dólar, e na economia mundial, você pode apostar que não será uma inflação dominável, moderada.

Assim, de todos os cenários possíveis, acredito que o *status quo* é o único quase impossível. No entanto, mesmo que aquilo que descrevi não aconteça e consigamos prosseguir nessa marcha, isso significa que a oferta monetária mundial continuará a subir a níveis exponenciais e, assim, o valor (poder de compra) de todas as moedas continuará a cair. Todas as moedas, exceto duas, as únicas que eles não podem imprimir: prata e ouro. No momento, essas moedas estão subvalorizadas. Mas registre minhas palavras: elas alcançarão as outras e subirão ainda mais.

CENÁRIO 2: DEFLAÇÃO

Esse é o maior receio de Ben Bernanke. Eu li seu livro, *Ensaios da grande depressão*, e também muitos de seus discursos. Em geral, quando você lê um pouco dos trabalhos de Bernanke, sente que, se a deflação ocorrer, terá uma vida curta.

Então, por que o Fed teme tanto a deflação? Porque um sistema baseado em dívidas carrega consigo um risco inerente de implosão total e completa. Para saber a resposta, temos apenas de estudar a história, ou seja, a Grande Depressão.

As dívidas podem tornar-se excruciantes durante uma deflação. Nas palavras do próprio Bernanke: "A seriedade do problema na Grande Depressão se deveu não apenas à extensão da deflação, mas também à imensa expansão da dívida nos anos 20."

Funciona assim: digamos que o salário de uma pessoa corresponda a US$100 por mês e o pagamento de suas dívidas, a US$40 (prestação de casa, carro e pagamento de cartões de crédito), sobrando, portanto, US$60 para ela. Com o equivalente a US$50, ela paga as contas de água, luz e gás, seguro, comida, gasolina e ainda tem US$10 para jantar e para um cinema. A vida é muito boa.

Mas em situação de deflação, tudo declina, inclusive renda, preços, PIB e oferta monetária e, mais importante ainda, seu salário. Na Grande Depressão, os salários nominais caíram cerca de 50% nos Estados Unidos. Usando meu exemplo anterior, a renda mensal agora seria o equivalente a US$47, e não US$100. Você deve estar pensando: *Sim, mas os preços todos não estão caindo também? Então, o poder de compra não permanece o mesmo?* Bem, sim e não. Ainda que os preços estejam caindo para equilibrar a queda dos salários, as dívidas não estão; elas são nominais, o que significa *um número fixo*. Assim, os pagamentos continuam sendo a quantia equivalente a US$40, mas o salário é US$47. Você pode esquecer-se do cinema, da gasolina e do seguro... e pode até mesmo se esquecer das contas de luz, água e gás, porque, após pagar as dívidas, só sobrarão US$7 e esse dinheiro será necessário para comer.

Então, a pessoa terá de vender a própria casa, mas ainda deve – digamos – algo em torno de US$5 mil, mas o imóvel vale apenas US$2 mil. Ela se vê em completa incredulidade, enquanto o banco credor leiloa sua casa, seu carro é arrestado, a mobília é tomada e os tribunais distribuem, para seus credores, qualquer poupança que ela tenha guardada. Após ter trabalhado por toda a vida, ela não tem mais onde morar, é um sem-teto.

O Gráfico 16 representa a porcentagem de endividamento americano em relação ao PIB.

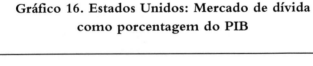

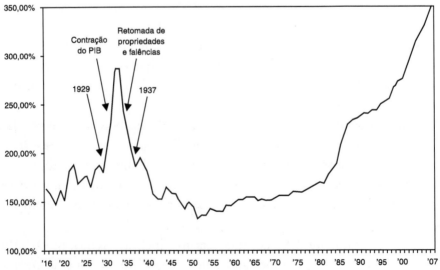

Fonte: Federal Reserve Bank, Centro de Análises Econômicas, U.S. Census Department.

A TEMPESTADE ECONÔMICA PERFEITA

Quando o mercado de ações explodiu, em 1929, o PIB encolheu, e por isso, ainda que ninguém tivesse tomado novos empréstimos, as dívidas como porcentagem do PIB cresceram de 180% para 280%.

Então, a dívida caiu de 1933 a 1937, enquanto o PIB cresceu um pouco. Em termos humanos, essa redução significou a perda das famílias de fazendas que foram passadas de geração a geração. Estatisticamente, representa falências, arrestos e liquidação de dívidas ruins. Mas atrás das estatísticas, havia seres humanos reais que viram suas vidas serem destruídas.

A enorme contração da oferta da moeda ocorreu em uma época em que o sistema monetário tinha um lastro de dinheiro real, ouro e prata, que não evaporaram. Mas hoje as coisas são diferentes, porque o sistema financeiro se baseia em moeda *fiat* e promissórias de dívidas. Uma promissória só tem valor se seu devedor tem condições de pagar a dívida.

Lembre-se: em uma situação de deflação, o governo sofre o mesmo problema de dívidas fixas e queda na renda (na forma de queda na arrecadação de impostos), assim como o público. E, como ocorre com as massas, isso também conduz à insolvência.

Por que estou despendendo tanto tempo em problemas econômicos? Porque o efeito que terá sobre o ouro e a prata serão enormes e esse é o principal fator que conduzirá àquela que será a maior transferência de riqueza da história. Então, se você quer compreender a razão da subida obrigatória do valor do ouro e da prata, terá de conhecer os problemas e os esforços capengas do governo para consertá-los.

Para combater a deflação, a principal proposta do Fed e dos bancos centrais em geral envolve injetar dinheiro na economia por meio de compras de ativos. Para isso, o Fed precisa expandir a escala de suas compras ou, ainda, expandir o menu de ativos adquiridos. Por exemplo, ações, debêntures, duplicatas, empréstimos bancários, hipotecas e dívidas de governos estrangeiros, assim como dívidas domésticas do governo. E ainda a possibilidade de cortar impostos e taxas.

Já vimos a imoralidade que é uma empresa privada (como é o caso do Fed) – que não é parte de qualquer governo – ter a autoridade de comprar boa parte dos ativos do mundo com dinheiro que é criado a partir do nada. Mas como o Fed sempre estará determinado a combater deflação, sem se importar com as consequências, se ela ocorrer, terá vida curta. Mas e o efeito sobre o ouro e a prata?

O ouro tem condições de conquistar muito poder de compra em situação de deflação, como veremos adiante. Na verdade, alguns dos melhores investimentos durante a Grande Depressão foram realizados em ações de minas de ouro. Mas agora é diferente. Naquela época, o ouro e a prata eram a base do sistema monetário. Hoje, não pertencem a qualquer nação. São moedas transacionadas separadamente. Enquanto os bancos centrais do mundo estão criando moeda freneticamente ao comprar a dívida uns dos outros para estancar a deflação, ouro e prata ainda são a moeda que não podem imprimir.

Além disso, hoje em dia as economias nacionais não são mais ilhas separadas, como costumavam ser na época da Grande Depressão. Elas são, na verdade, globais e os investimentos internacionais são um componente importante. E mais, hoje, as notícias e os negócios atravessam o planeta na velocidade da luz.

Dessa forma, se ocorrer deflação nos Estados Unidos, os investidores estrangeiros verão uma economia em declínio e os lucros das empresas transformando-se em prejuízos. Se isso acontecer, os investidores estrangeiros venderão os investimentos americanos. Ao vender os ativos atrelados ao dólar, terão de trocá-los pela própria moeda. Isso faria o dólar cair e o valor dos metais preciosos deslanchar.

Mas e os títulos da dívida americana? Eles não costumam se comportar bem durante uma deflação? Em geral, sim. Mas o mundo não está enfrentando uma situação normal. Em um cenário de deflação, a base fiscal (impostos) encolhe significativamente. Hoje, os Estados Unidos estão pesadamente endividados. Tanto que uma perda de arrecadação, em conjunto com o fato de que o mundo inteiro sabe que o Fed imprimirá dinheiro para sair de uma deflação, tudo isso poderia provocar um rebaixamento na avaliação da dívida por parte das empresas de avaliação (*rating*). Na verdade, os investidores estrangeiros sequer precisam vender seus títulos da dívida americana para tornar os Estados Unidos insolventes. Tudo o que precisam fazer é parar de comprar.

À medida que os investidores começam a se desfazer da moeda americana – vendendo ativos –, a desvalorização do dólar continuaria, e provocaria mais procura por metais preciosos. É pura e simplesmente uma questão de oferta e demanda. Há uma quantidade definida de ouro e prata, e quanto maior for a demanda por ela, maior será seu valor.

CENÁRIO 3: UMA GRANDE INFLAÇÃO

Quando a inflação é grande, todos os investimentos parecem subir, mas muitos na verdade caem de preço. Isso se deve ao fato de que seus investimentos podem estar subindo 10%, mas a moeda corrente pode estar se inflando a 20%. Efetivamente, isso equivaleria a uma perda de valor de 10%. Por isso, é importante entender a inflação e seus efeitos econômicos perversos e silenciosos. Em uma situação assim, seus melhores investimentos acabam sendo metais preciosos e *commodities* – porque seus preços subirão quando a moeda infla – e investimentos por dívidas, como ativos imobiliários – porque você empresta dinheiro ao custo (ou abaixo) da inflação, o que significa que empresta agora e paga de volta, mais tarde, com uma moeda mais barata.

CENÁRIO 4: HIPERINFLAÇÃO

Se você leu, no início deste livro, a lição da história, já está familiarizado com os efeitos devastadores da hiperinflação. Assim, não há razão alguma para reelaborar meu ponto de vista mais uma vez. Quando ocorre uma hiperinflação, a transferência de riqueza é sempre gigantesca.

Sob hiperinflação, todos os investimentos sobem significativamente em termos de preço e alguns ganham em valor, mas todos perdem valor se comparados com o ouro e a prata. Em uma hiperinflação, todos precisam exatamente daquilo que tem uma oferta pequena, ou seja, dinheiro verdadeiro, e as pessoas lhe darão qualquer coisa por isso. Imóveis, ações, peças de coleções, negócios e outros, todos cairão em valor quando comparados com dinheiro real.

Novamente, seu melhor investimento será em metais preciosos, *commodities* e investimentos alavancados por dívidas, como imóveis. Você adorará ter um empréstimo de prestações fixas, com juros baixos, que você contratou antes da hiperinflação. Você acabará de pagar seu imóvel com apenas alguns poucos minutos de trabalho diário, agora que está recebendo US$10 milhões (ou qualquer outra moeda) por hora. Se você conseguir fazer isso, é o banco que acaba pagando sua casa, mas ela continua sendo sua.

Mas em situação de hiperinflação, não há nada, e eu repito nada, que se compare ao ganho de poder de compra dos metais preciosos.

Agora repita comigo: *Não há cenário possível em que o ouro e a prata não se valorizem.*

Tirando a sorte

Quando todos estão do mesmo lado do barco, ele enverga e afunda. Ao longo da história, sempre que houve algum problema grave e grande transferência de fortuna, essa riqueza sempre passou para as mãos dos poderosos. Os poderosos sempre ganham. E se você observar os paraquedas dourados que, recentemente, estão usando todos os executivos que presidiam bancos problemáticos ao redor do mundo, perceberá que, mesmo quando perdem, acabam ganhando. Vou explicar um pouco mais.

Quando as taxas de juros ficam negativas (ou seja, são mais baixas do que a inflação), as pessoas se endividam excessivamente, assim como assumem maiores riscos, porque é isso que os bancos querem que elas façam.

O povo americano seguiu seu governo e adotou os mesmos hábitos financeiros. A taxa pessoal de poupança dos Estados Unidos é negativa. Stephen Roach, diretor e economista chefe do Morgan Stanley, disse que a taxa de poupança dos Estados Unidos representa um recorde de baixa em relação a qualquer poder econômico global que já existiu na história do mundo. O único outro momento com taxa de poupança tão baixa foi durante a Grande Depressão.

Milhões de pessoas nos Estados Unidos usaram suas casas como caixas automáticos de bancos (ATMs), já que emprestaram dinheiro utilizando-as como garantia. Essas famílias e milhões de outras também usaram seus cartões de crédito como ATMs. Robert Kiyosaki ensina a diferença entre dívida ruim e dívida boa. Dívida boa trabalha a seu favor; dívida ruim, contra você... bem, essas dívidas atuais são todas ruins.

Em todas as situações, a inflação ocorre em uma nação de poupadores e a deflação, em nações de grandes gastadores.

Durante a Segunda Grande Guerra, a inflação disparou e todos se tornaram gastadores. A guerra terminou e os Estados Unidos entraram na enorme (porém curta) depressão de 1921. Durante os anos 20, todos se haviam tornado grandes gastadores e, então, ocorreu a maior deflação da história, a Grande Depressão. Durante a Segunda Guerra Mundial, todos pouparam, esperando a deflação que se seguiria ao final da guerra, e apareceu a inflação. Até mesmo o ultraconservador Japão tornou-se um grande gastador quando seu mercado de ações e sua economia floresceram nos anos 80 e, então, a deflação se estabeleceu. É uma danação!

Uma tempestade econômica perfeita, como a enfrentada nos últimos tempos, faz a oferta de moeda se contrair quando estoura a bolha de crédito, e todos aqueles gastadores se tornam poupadores. Quando as pessoas começam a poupar dinheiro, ele deixa de circular. O motor da economia funciona sem óleo e a coisa toda arranha. Esse é o maior pesadelo de Bernanke. Isso é deflação *real*.

Ao longo da história, os economistas tiveram aquilo que costumo chamar de "a síndrome do *agora*". *Agora* se tornaram os mestres do universo econômico. *Agora* compreenderam. *Agora* controlaram a economia. *Agora* entenderam a arte da amplificação infinita da moeda corrente. *Agora* a moeda *fiat* funcionará.

Capítulo 10

Saindo das brumas...
para a luz

Uma coisa comum a todos os desastres econômicos da história é que aqueles que sobreviveram o fizeram porque possuíam ouro.

MICHAEL J. KOSARES, *THE ABCS OF GOLD INVESTING*

O amanhecer!

Prometi o dourado do sol e agora você entenderá a razão disso. A transferência de riqueza da qual falei é real e extremamente poderosa. Durante um ciclo de mudança, enquanto uma classe de ativos está no topo e a outra está no vale, a intensidade dessa transferência de riqueza não passa despercebida. Em algum momento, o público toma consciência de que há pessoas lucrando enormemente com algo e também querem fazer parte disso. Ainda que os grandes lucros já tenham sido auferidos por outros, as massas continuam perseguindo os investimentos fantásticos de *ontem*. A transferência de riqueza só é percebida quando já está quase completa... no fim daquele ciclo e no início de um novo. Voltaremos aos ciclos. Neste capítulo, falaremos sobre os metais preciosos, ouro e especialmente prata.

O CPM Group é um dos líderes de pesquisa sobre o mercado de *commodities* e presta consultoria em metais preciosos. Pesquisam, compilam e analisam dados, meticulosamente, sobre demanda, oferta e outras forças que afetem o preço dos metais preciosos. Suas estatísticas têm sido publicadas desde 1971, nos livros *Gold Yearbook* e *Silver Yearbook*, disponíveis em inglês no site www.cpmgroup.com. Antes de escrever este capítulo, tive a oportunidade de entrevistar o fundador e diretor do CPM Group, Jeff Christian. Ele acredita que os preços do ouro e da prata subirão enquanto houver incertezas geopolíticas e financeiras ao redor do mundo.

Como já vimos, o ouro e a prata fazem acertos periódicos com a criação de moeda fiduciária. Mas para que você tenha alguma ideia da amplitude de movimento que o ouro e a prata deverão fazer dessa vez, para trazer a moeda *fiat* para o equilíbrio, veja o Gráfico 17, do *Gold Yearbook* do CPM Group. Ele representa o valor total dos depósitos bancários privados *versus* a posse de ouro.

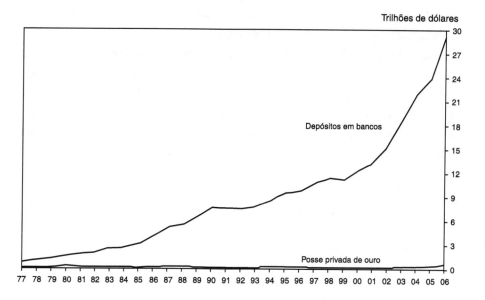

Gráfico 17. Depósitos em bancos privados *versus* títulos em ouro

As estatísticas para os depósitos dos bancos foram fornecidas, ao CPM Group, pelo Banco de Compensações Internacionais (BIS – Bank of International Settlements).*

Observe que o gráfico exclui ações, títulos governamentais e outros ativos financeiros. Como são depósitos privados, também estão excluídos depósitos oficiais, como os de entidades governamentais e reservas dos bancos centrais. E como o gráfico está em dólares americanos (denominados depósitos apenas), também exclui todas as outras moedas. Em outras palavras, esse gráfico somente compara uma pequena fração dos instrumentos financeiros contra a posse privada de ouro. É muito dólar! O que o gráfico mostra é que as pessoas têm uma imensa quantidade de moeda corrente, mas quase nenhum dinheiro *real*!

O livre mercado sempre equilibra essas coisas e há apenas três maneiras de isso acontecer. Ou a quantidade de ouro em posse de investidores privados tem de aumentar muitas, muitas e muitas vezes (uma impossibilidade, eis que a quantidade de ouro disponível é a mesma que está aí), a quantidade de dólar cai drasticamente (possível, mas improvável) ou o equilíbrio será restabelecido como sempre – as massas percebem a perda do valor de compra devido à expansão exagerada da moeda e perdem a fé nessa moeda. Então, no efeito manada, começam a comprar ouro e prata fervorosamente, inflacionando o preço das únicas moedas que não podem ser impressas, para fazer frente a todas as moedas que podem. E os mercados fazem aquela pequena linha cinza do gráfico, intitulada "Posse Privada de Ouro", subir, ao mudar o preço do ouro, em direção à linha preta, aqui "Depósitos em Bancos".

Ainda que essa venha a ser a maior transferência de riqueza da história, não será mais do que a repetição da encenação de uma peça que os governos, o público e os metais preciosos, de vez em quando, fazem, desde que essa peça fez sua estreia em Atenas, por volta de 407 a.C. A última performance data de 1970, mas agora está em cartaz de novo, em um país perto de você. Os atores podem ter mudado, mas o enredo permanece o mesmo.

Ao contrário do petróleo, o ouro ainda está a menos da metade de seu valor de pico, ajustado à inflação de 21 de janeiro de 1980, de US\$2.239,67.**

Nota da Tradutora: O BIS, com sede na Basileia, Suíça, é considerado o Banco Central dos bancos centrais.

**Nota do Tradutor*: No mercado futuro de agosto de 2009, a onça troy estava sendo negociada a US\$936.

"Eu diria que ainda não vimos o máximo do preço do ouro", disse Bart Melek, estrategista da BMO Capital Markets, "em parte porque a inflação nos Estados Unidos, hoje, está longe de ser tão elevada quanto foi em 1980 – 13,9% ao ano – e os investidores costumam comprar muito ouro quando a situação da inflação piora."

No pico, em 1980, o preço do ouro ajustado ao índice de preços ao consumidor equivale a US$2.239,67. Mas como já sabemos agora, o IPC é uma mentira – eu chamo de IMP (Índice Mentiroso de Preços) –, então qual é o preço do ouro em 1980 ajustado pelo suprimento de moeda corrente (Gráfico 18)? Bem, como você já sabe, esse é um alvo móvel, porque não sabemos o quanto de moeda imprimirão. Em 1980, o M3* era de US$1,8 trilhão e, quando escrevo isso, já passa de US$14 trilhões. Ou seja, 7,7 vezes maior do que em 1980. Assim, ajustado à expansão da oferta de moeda, o pico atingido pelo ouro em 1980 foi de 6,611 em dólares de 2008. Coincidentemente, nos anos 70 o ouro passou de US$35 para US$850. Um fator correspondente a 24,28 vezes. Se pegarmos o preço mais baixo atingido em 2000-2001, de US$252, e multiplicarmos por 24,28, chegaremos ao preço de US$6.118 a onça para abril de 2008. E, finalmente, John Willians tem uma calculadora de inflação em seu site (shadowstats.com) que usa o IPC original reconstruído e diz que o pico de 1980, de $850, equivale a US$6.484 para abril de 2008.

Então, você tem: US$6.118, US$6.484 ou US$6.611. Faça sua escolha! Aleluia!

O mercado de ações teve um pico em 2000, então transferi a maioria de meus ativos para metais preciosos em 2002. Pouco depois, passei a vender ouro e prata. Mas, naquela época, convencer alguém a comprar ouro a US$300 a onça era praticamente impossível. Era como bater a cabeça contra a parede. As respostas que eu ouvia eram algo como: "O ouro é o pior investimento que alguém pode fazer." "Há 20 anos, perde-se dinheiro com ouro." Ou a minha preferida: "O que você acha que sou? Algum idiota?" Eu me lembro de pensar: "Sim, decididamente. Sem dúvida alguma." Mas antes da crise de 2008, os investidores inteligentes saíram de suas ações supervalorizadas e perceberam a barganha que estava o ouro – e o quão ricos poderiam ficar.

Nota da Tradutora: M3 é o total de depósitos em poupança mais o papel-moeda em poder do público, mais os depósitos à vista e a prazo no sistema bancário.

Gráfico 18. Preço do ouro ajustado à inflação (dólares de 2008)

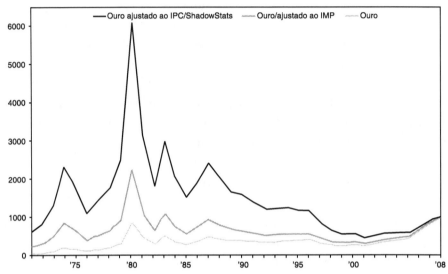

Fonte: Federal Reserve Bank, Minneapolis, ShadowStats.com.

A Corrida do Ouro

Aqueles que são financeiramente inteligentes e conhecem o mercado têm movido, em silêncio, seu dinheiro para ativos tangíveis, especialmente ouro e prata. Você pode não ter ouvido na mídia de massa, mas estamos no meio da maior corrida do ouro jamais registrada na história.

Como você pode observar no Gráfico 19, desde 2000 as compras de ouro têm subido como um foguete. Tanto que, hoje, os investidores privados têm mais ouro do que os bancos centrais do mundo. Ambos, em porcentagem e em valores absolutos, os investidores têm comprado muito mais ouro, na maior corrida do ouro de todos os tempos, a corrida do século XXI, do que no mercado de alta dos anos 70. Na verdade, nos últimos cinco anos, os investidores compraram mais ouro do que nos cinco anos entre 1975 (quando se tornou legal a compra de ouro por cidadãos americanos) ao pico de preço em janeiro de 1980. Essa alta ainda é nova, porém é muito maior, mais forte e mais poderosa do que qualquer outro momento de mercado em alta que já se viu. Ainda assim, a maior parte do mundo ainda a desconhece. Fico deslumbrado com o incrível número de investidores

Gráfico 19. Reservas em ouro dos bancos centrais *versus* investidores privados

CPM Group

Milhões de onças | Milhões de onças

Bancos centrais

Investidores privados

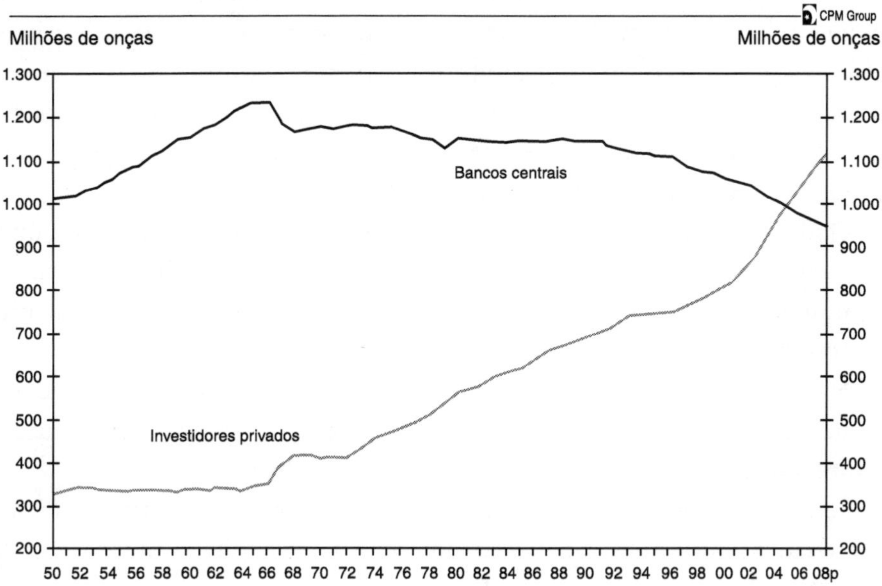

que não enxergam isso, mesmo quando alguém como eu está à sua frente, pulando, apontando e gritando: "Olhe... Aqui está!"

A coisa mais inacreditável é que tudo isso está acontecendo em um ambiente de queda de produção do ouro. Na verdade, a produção de ouro já vem encolhendo há uns seis ou sete anos. Então, de onde vem todo o ouro no qual se está investindo? Bem, as coisas se tornam mais interessantes e bem mais divertidas se você ouvir as pessoas consideradas a banda lunática do setor do ouro: os teóricos da conspiração lunática conhecidos como GATA (Gold AntiTrust Action Committee – Comitê para Ações Antitruste do Ouro).

O GATA é um grupo da indústria aurífera que inclui profissionais e investidores em ouro, administradores de fundos, analistas de *commodities*, comerciantes de metais preciosos e, ultimamente, alguns poucos bancos. O GATA alega que, com a cooperação de seus governos, os bancos centrais têm manipulado e oprimido o preço do ouro. Por que os bancos centrais desejariam manter baixo o preço do ouro? Porque um preço em alta sinalizaria ao mundo que os bancos centrais estão fazendo um trabalho pavoroso.

A verdade é que os governos e os bancos centrais prometerão a você isso e aquilo, mas a única promessa que podem cumprir é a única que não podem fazer em voz alta: eles *inflarão* o suprimento de moedas e seu dinheiro *continuará a perder* valor. Eles conhecem bem a história das moedas e sabem que, se o preço do ouro subir muito rapidamente, o ouro afastará as massas de suas moedas *fiat*. E assim como em cada exemplo do passado, as moedas sucumbirão. Por isso é do interesse dos bancos centrais e dos governos que o preço do ouro se mantenha baixo.

O GATA juntou uma imensa quantidade de evidências que mostra que, possivelmente, 50% do ouro supostamente em poder dos bancos centrais do mundo foram emprestados para conter o preço do ouro. Isso funciona como uma imensa posição vendida.*

Não sei em relação a você, mas, enquanto os bancos centrais estiverem subsidiando minhas compras de ouro pressionando o preço, vou continuar comprando.

Se você observar o GATA mais de perto, as evidências mostrarão a você que estão agindo. Sugiro enfaticamente que você vá até o site deles e dê uma checada: www.gata.org.

O ouro está muito mais barato do que outros ativos, exceto o dólar. E provavelmente continuará barato, a US$2 mil ou até mesmo a US$5 mil a onça. A única maneira de saber se está barato ou caro é compreender quantas coisas ele pode comprar para você. Quando está comprando muito, em comparação com as médias históricas, então, e só então, estará caro.

Nota da Tradutora: *Short position*, ou posição vendida, no mercado de *commodities*, como é o caso do ouro, significa que um investidor concorda em vender uma *commodity* em uma data futura a um preço específico.

Capítulo 11

Toda nuvem tem um halo prateado

Você já ouviu alguém dizer que toda nuvem tem um halo prateado? Bem, nesse caso de tempestade econômica, algumas nuvens têm, de fato, halos prateados. No universo monetário, brilham apenas o ouro e a prata. Se você se animou, no último capítulo, com as possibilidades de investir em ouro, espere até saber dos ganhos possíveis com os investimentos em prata.

Você achou que já sabia tudo sobre prata?

Nos dois primeiros milênios em que o ouro e a prata eram a forma principal de dinheiro em todo o mundo, a taxa de câmbio entre os dois metais foi, em média, 12 onças de prata para cada onça de ouro. Em outras palavras, o valor da prata era 1/12 do valor do ouro. Claro que variava conforme a região e a época. Na China, durante a dinastia Ming, a taxa de troca era de 4 onças de prata para cada onça de ouro e, no Egito antigo, a prata tinha o mesmo valor do ouro, mas na média a proporção é de 12 para 1.

Não é preciso ser cientista da Nasa para entender a razão. O ouro e a prata eram dinheiro circulando lado a lado e o livre mercado equilibrava a balança. A proporção se estabelece quando o mercado se comporta da mesma forma, naturalmente, que é descobrir o preço justo de alguma coisa. Isso significa que, na média, é provável que, ao longo da história, houvesse 12 vezes mais prata circulando do que ouro. É o mercado encontrando o equilíbrio de preço/quantidade, com base na relação de raridade de cada um dos dois metais.

No fim da década de 1800, descobertas de minas no Ocidente e avanços tecnológicos aumentaram significativamente o volume da oferta. Isso e outros fatores provocaram a queda do valor da prata para um centésimo (1/100) do valor do ouro. Então, durante a Depressão, Franklin Roosevelt assinou a Lei da Compra de Prata de 1934 e os Estados Unidos começaram a estocar prata, tornando-se o maior proprietário do metal. Houve, ainda, mais um pouco de compra nos anos 50 e o estoque atingiu o pico de 3,5 bilhões de onças.

No início da década de 1960, o preço da prata subiu para US$1,29 dólar por onça, não porque a prata fosse escassa, mas porque havia abundância de moeda. A prata estava compensando a inflação da oferta de moeda. A US$1,29 por onça, o conteúdo de prata das moedas equivalia a seu valor de face. Se o preço da prata subisse, as pessoas poderiam ter um bom lucro indo ao banco, pegando uma boa quantidade, derretendo e vendendo-a. O governo sabia disso e começou a vender prata para manter o preço baixo.

Pela primeira vez na história, o público se tornou mais comprador do que vendedor de prata, ou seja, *comprador líquido*. A maneira mais fácil de comprar prata era usar papel-moeda e ir ao banco e pedir para trocar por moedas. As moedas começaram a desaparecer de circulação, obrigando o governo a remover prata da cunhagem de moedas em 1965. O livre mercado e a vontade do público, novamente, determinaram as ações do governo.

Por quase toda a década de 1970, o preço da prata variou entre US$3 e US$6, encorajado pela abolição do padrão ouro de Nixon e pelo aumento do suprimento de moeda corrente. Muitos investidores venderam sua prata com algum lucro.

Mas, em 1979, os preços começaram a subir rapidamente. As pessoas deixaram de vender a prata que possuíam e, pela segunda vez na história, o público voltou a ser *comprador líquido* de prata. A primeira vez em que isso aconteceu forçou o governo a substituir suas moedas de prata por zinco e cobre. Dessa feita, a compra maciça forçou a explosão dos preços para até US$50 a onça.

Concluindo

Comecei com essa narrativa porque creio que investir em prata, no futuro próximo, será tão bom quanto investir em ouro, ou devo dizer, melhor. Como já mencionei, quando, em 1960, o público se tornou investidor líquido em prata, o governo foi forçado a abandonar a prata como dinheiro, e quando as massas se tornaram investidoras líquidas em 1979 o preço catapultou para US$50. Bem, adivinhe! Em 2006, pela terceira vez na história, o público se volta, mais uma vez, para os investimentos em prata.

Como o Grupo sustentou em seu *Anuário da Prata*, de 2007:

> Tem acontecido uma mudança tectônica na demanda de investimentos por prata, nos últimos dois anos, uma ocorrência que é rara. Especificamente, os investidores passaram de vendedores líquidos – que foram durante o período de 1990 até 2005 – para compradores líquidos de prata em 2006. A última vez em que isso ocorreu foi em 1979... Os preços aumentaram de US$5,90 para um pico de US$50 no mês de janeiro seguinte.

Mas há enorme diferença entre 1980 e o presente. Estou convencido de que a alta do mercado de prata tornará a última alta insignificante. Durante os anos 80, as pessoas agiram como sempre. Quando deveriam estar investindo em ações, buscaram as notícias do passado e continuaram comprando ouro e prata. Investidores que pagaram de US$5 a US$50 por onça foram atraídos pela loucura do mercado de ações que começou nos anos 80 e venderam sua prata, usualmente com prejuízo, para comprar ações. De 1990 até 2005, os investidores venderam mais prata do que compraram... muito mais. Por outro lado, compraram mais ações do que venderam... muito mais.

De acordo com o CPM Group, de 1990 a 2005 os investidores venderam 1.654 milhões de onças de prata. Isso equivale a quase nove vezes a quantidade que os investidores venderam nos anos 70.

E não só o público vinha reduzindo sua posse de prata. Em todo o mundo, os governos deixaram de usar prata para cunhagem e têm vendido seus estoques. Observe o Gráfico 20.

Na verdade, desde os anos 60, uma época em que cada governo do planeta tinha reservas significativas de prata e usavam esse metal para cunhagem, e os EUA controlavam 3,5 bilhões de onças (o maior estoque da história de um único país), todos os governos têm vendido seus estoques de

Gráfico 20. Inventário da prata em posse dos governos

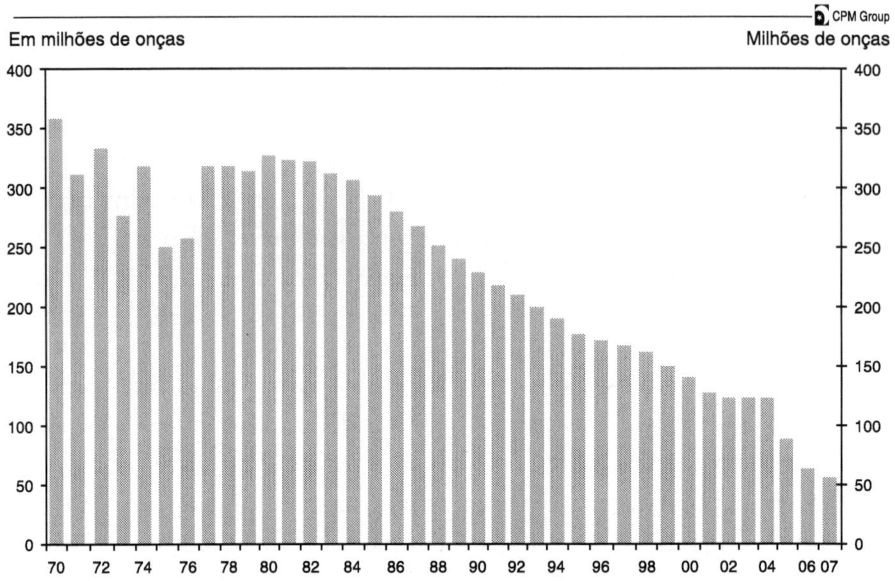

prata. Essa oferta extra de prata conteve artificialmente o preço. Hoje, os governos estão efetivamente sem prata. Essas vendas governamentais foram acompanhadas de vendas aos investidores da ordem de 1,6 bilhão de onças de 1990 até 2005. A contenção dos preços foi tão intensa que, em muitos casos, o preço chegou a ser inferior aos custos de mineração, deixando alguns dos principais produtores fora dos negócios.

Grau industrial

Então, você deve estar se perguntando: *se o governo estava vendendo ouro e os investidores também, então quem estava comprando?* A resposta: a indústria manufatureira. A prata vendida era usada para fabricar itens de consumo.

De todos os elementos, a prata é *o metal* indispensável. É o melhor condutor elétrico, o melhor condutor térmico e o melhor refletor. A vida moderna, tal como a conhecemos, não existiria sem a prata. Fotografia, pilhas, eletrônicos... produtos que se aperfeiçoaram e se tornaram amplamente disponíveis, durante a Segunda Guerra Mundial ou depois dela, explodindo após os anos 60, devido às descobertas científicas relacionadas com a aplicação industrial da prata. Ao contrário da prata, o ouro tem basicamente dois

TODA NUVEM TEM UM HALO PRATEADO

usos e ambos são tipos de uso em que o metal não se esgota... dinheiro e joias. Menos de 10% da produção de ouro é utilizada como aplicação industrial. Ao longo da história, 90% de todo o ouro extraído do solo ainda está disponível para compra em algum lugar.

A prata, por outro lado, tem centenas de usos e aplicações industriais. Aqui está apenas uma pequena amostra da multiplicidade de usos para esse metal: pilhas, rolamentos, biocidas, brasagem, aceleradores, moedas, condutores elétricos, eletrônicos, lâminas e fios, joias, aplicações médicas, espelhos e coberturas refletoras, fotografia, talheres, células de energia solar, soldas, purificação de água.

De todos os usos para a prata, apenas joias e talheres resultam em preservação do metal; em todos os outros, a prata se desfaz em parcelas microscópicas, que são jogadas fora, terminando, eventualmente, em um lixão. É para onde foram aqueles bilhões de onças vendidos.

Em 1980, havia 2,5 bilhões de onças que os investidores podiam comprar. Em 1990, 2,1 bilhões. Hoje, os estoques são praticamente inexistentes. A questão é que, pela primeira vez na história, das quantidades disponíveis para venda, a prata é mais rara do que o ouro!

Do estoque formidável que os Estados Unidos possuíam no final dos anos 50 e começo dos anos 60, restam apenas 0,0056%. Encolheu de 3,5 *bilhões* de onças para meros 20 *milhões*. E o restante do mundo seguiu o exemplo. Passamos de um mundo em que todos os países usavam prata como dinheiro e também possuíam enormes reservas de estoques desse metal para outro, em que quase não há mais prata. Na verdade, se você somar todos os estoques governamentais de prata no mundo, o total será apenas 0,016% do que os Estados Unidos, *sozinhos*, costumavam possuir. Como o especialista veterano em prata David Morgan, da Silver-Investor.com declarou: "Muitos países ainda possuem estoques de ouro... mas praticamente nenhum tem estoques em prata."

O Gráfico 21, do CPM Group, mostra o total conhecido de estoques de ouro (coluna clara) e de prata (coluna escura), em 1990 e 2007. Como você pode ver, *quase não há mais prata disponível.*

Perceba que os estoques de ouro estão subindo, enquanto os de prata vêm encolhendo significativamente. Em 1979, quando os investidores se tornaram compradores líquidos de prata, elevando o preço para mais de US$52, havia mais de 2,5 bilhões de onças de prata disponíveis para compra. Hoje, quando os investidores voltam a comprar mais do que vender,

Gráfico 21. Estoques em lingotes de metais preciosos

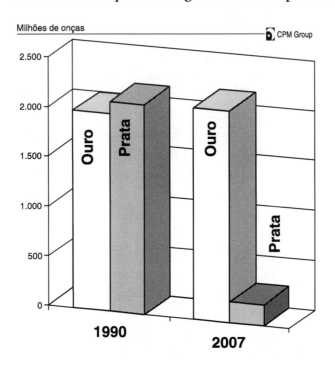

os inventários de prata praticamente desapareceram. E se você entende um pouquinho de economia, sabe muito bem o que acontece quando a demanda aumenta e a oferta se reduz.

O Gráfico 22 também mostra essa redução dos estoques de prata, mas os mede de maneira diferente e muito mais importante: quantos meses durarão os estoques, a qualquer taxa de consumo, em qualquer tempo, se a extração de prata se extinguisse mundialmente. Assim, o gráfico é basicamente um índice de estoque/uso, medido em fração do tempo que resta até que toda a prata desapareça.

Às taxas de uso corrente, o período de duração dos estoques de prata já explorados (acima do solo), se todas as atividades de mineração cessassem, seria de apenas quatro meses.

Algo que se pode apreender do Gráfico 22 é que, quando o índice estoque/uso chega ao ponto máximo de vale (estoques quase inexistentes), é um sinal de compra e, ao contrário dos ciclos anteriores, não será possível a esse índice descer abaixo desse ponto. Na verdade, é tão absurdamente baixo que se torna inacreditável que as pessoas ainda não se tenham dado

TODA NUVEM TEM UM HALO PRATEADO

Gráfico 22. Estoque de lingotes de prata (demanda mensal)

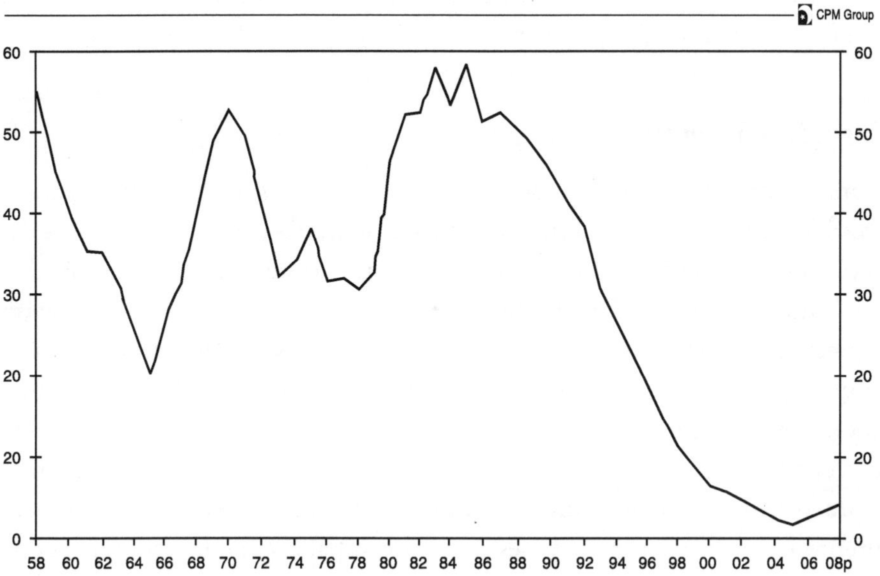

conta do quão maciçamente a prata está desvalorizada e é absolutamente surpreendente que bilhões de dólares ainda não se tenham dirigido para os investimentos em prata.

Não, retiro o que eu disse. Não é inacreditável coisa alguma. As pessoas sempre perseguem as notícias requentadas da véspera. Quando elas estão ocupadas investindo em tulipas ou ações de tecnologia, isso suga moeda de outros setores e muitas coisas se tornam incrivelmente desvalorizadas. E é a hora de a prata brilhar.

Pensamentos enviesados

A prata está tão barata hoje porque as pessoas "pensam" que ela deveria ser barata. Elas foram condicionadas a pensar assim, eis que os governos têm descarregado a prata no mercado por quase meio século. Esse suprimento adicional surtiu o efeito de impedir o crescimento do preço da prata. E o resultado do preço baixo foi o consumo maior do que a produção – e por mais de meio século. Mas em 2007 os governos ficaram sem estoques de prata, deixando de vender justamente quando o interesse dos investidores vinha aumentando. Como você sabe, não há

104 PAI RICO: COMO INVESTIR EM METAIS PRECIOSOS

quase prata para os investidores comprarem, e quem tem conhecimentos mínimos de economia já entendeu: quando há grande demanda e a oferta é mínima, os preços disparam.

Eles não vão mais extrair prata?

É uma boa pergunta. E a resposta é curta: sim. Mas a boa notícia para o investidor em prata é que a maior parte da oferta do metal não provém das operações de mineração. Em vez disso, a oferta do minério é um subproduto da mineração de cobre, chumbo, zinco e ouro. Cerca de 75% da oferta de prata nova tem origem na mineração de outros metais. A prata é um bônus para as empresas mineradoras e, como diria David Morgan, "uma mineradora de cobre certamente não vai jogar fora a prata que extrai". Então, vendem no mercado; mas o ponto é que o negócio deles não depende do preço da prata. Se um mineiro consegue 1% de sua renda da prata, certamente não vai escavar 10 vezes mais cobre para aumentar sua produção de prata em 10 vezes.

Assim, o fardo de atender à demanda por prata recai nos ombros daqueles que são conhecidos como produtores primários de prata – e são uma espécie rara. No momento, a produção de prata responde por cerca de 500 milhões de onças por ano. Os produtores primários produzem apenas 25% disso, ou seja, 125 milhões de onças por ano. Se pudéssemos congelar a demanda no ponto em que ela se encontra hoje, e os produtores primários fossem capazes de dobrar sua produção, seriam necessários 15 anos para que os estoques de prata voltassem ao nível em que estavam em 1990.

Eles não poderiam abrir mais minas de prata?

Uma boa pergunta de novo. E novamente a resposta simples é sim. Mas a média global para uma mina se desenvolver, da descoberta à produção, é de cinco a sete anos e para alguns países com leis ambientalistas mais severas, pode levar muito mais tempo. Nos Estados Unidos, por exemplo, mesmo que você encontre um depósito de prata pura, se estiver no estado da Califórnia jamais conseguirá uma licença de exploração devido às restrições das leis ambientais. Além disso, explorações mais significativas não acontecerão até que valha a pena, ou seja, até que o preço suba a níveis muito maiores.

Além disso, devido ao longo período de baixa no mercado de metais preciosos, há uma grave escassez de profissionais experientes com conhecimento especializado necessário para as operações de mineração.

O mundo não está apenas passando por uma carência de prata já explorada; também sofre de escassez de prata no solo. É muito difícil encontrar depósitos de prata passíveis de exploração. Recentemente, Ray De Motte, presidente da Sterling Mining, me disse que a taxa de prata explorável em relação ao ouro é de menos de 8 para 1, hoje, *versus* 12 para 1, ou mais, do passado.

E a Pesquisa Geológica dos EUA (USGS – United States Geological Survey) confirma essa informação. Nos níveis atuais de produção, há menos prata explorável na crosta terrestre do que qualquer outro metal.

Segundo eles, os dois primeiros metais que acabarão no planeta serão ouro e prata. A essa taxa de produção, as reservas de ouro acabarão em 30 anos e as de prata, em apenas 25.

O boom da prata

Em face das temidas circunstâncias econômicas que temos comentado, você já sabe que a moeda americana está condenada. E, se fiz bem meu trabalho até agora, você está convencido de que a próxima grande transferência de riqueza virá dos metais preciosos e das *commodities*. Estou certo de que um dos grandes catalisadores de crescimento em metais preciosos virá da prata. Na verdade, creio que estamos à beira do maior *boom* da prata que a história já presenciou.

À medida que o dólar continua seu processo de colapso, os grandes investidores primeiro se voltarão para o ouro e aumentarão seu preço drasticamente. Quando o público acordar, o ouro ficará muito caro para esses investidores. As pessoas, então, começarão a ouvir sobre a prata ser mais escassa do que o ouro. Em um frenesi, as pessoas mergulharão na prata, justamente quando os estoques estarão praticamente esgotados e a produção, praticamente parada. Será, então, o momento em que o preço da prata explodirá.

Os estopins

Existem quatro estopins que farão o preço da prata incendiar.

ESTOPIM 1: MANIPULAÇÃO DE PREÇOS

Como já dissemos, o preço da prata é manipulado, e muito mais do que o preço do ouro.

Ted Butler tem escrito a esse respeito há anos. Até onde eu saiba, foi a primeira pessoa a escrever sobre a manipulação do preço do ouro e da prata, e, por 10 anos, tem sido o porta-voz de uma guerra contra a manipulação de preços. Parece que algumas entidades têm usado a Bolsa Mercantil de Nova York (COMEX – New York Commodities and Mercantile Exchange) para manipular o preço da prata ao descarregar muita, eu digo *muita* mesmo, prata no mercado. Ela é comprada e vendida em mercados futuros, papéis que prometem entregar prata em algum momento.

Quanto é muito, você pode se perguntar? Bem, os *traders* da COMEX têm feito apostas em que prometem entregar mais do que o dobro da prata conhecida. Se as pessoas que compraram esses contratos (conhecidas como *longers*) exigirem a entrega dos vendedores (conhecidos como *shorts*), o restante do mundo teria de se virar sem a prata por mais de um ano. Isso significaria que não seriam produzidos novos celulares nem computadores, Sonys ou Panasonics, por mais de um ano.

Não há qualquer outra *commodity* que tenha uma posição *short* tão intensa. Por exemplo, a quantidade de ouro vendido nos contratos futuros chega a ser apenas 2,5% do estoque conhecido. A *short position* da prata é 80 vezes maior do que a do ouro.

É prova suficiente de que o preço da prata é manipulado? Não, mas é bastante suspeito. Ainda mais suspeito é o fato de que a prata também tem a maior porcentagem de contratos em mãos do menor número de operadores (*traders*), em relação a qualquer outra *commodity*. Apenas quatro *traders* seguram a maioria das posições vendidas (*short position*) de prata, e Ted Butler especula que apenas um ou dois deles detêm mais de 50% dessas posições. Isso significa que apenas uma ou duas dessas entidades estão determinando o preço da prata para o restante do mundo.

A boa notícia é que, como esse mercado artificial de prata fiduciária pressionou e estabeleceu os baixos preços da prata, ela está muito mais barata do que deveria estar e isso significa que você pode comprá-la barato – mas não por muito tempo.

Chegará o dia em que a maior parte da prata desaparecerá e não importa quanto papel seja vendido, a prata física, novamente, estabelecerá o preço,

Gráfico 23. Dias de produção para cobrir short positions de quatro dos maiores traders

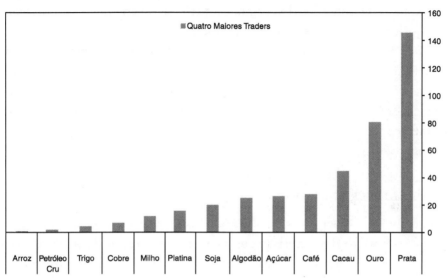

Fonte: World Gold Charts, @ www.shrelynx.com.

pois não será mais possível cumprir os contratos de *short position* e a escassez de prata se estabelecerá. Então, preste atenção: os operadores *shorts* serão pegos em uma situação que incendiará o preço da prata.*

ESTOPIM 2: ALUGUEL

Uma prática comum, da qual provavelmente você nunca ouviu falar, é o aluguel de ativos: ações, ouro, prata. O aluguel de prata ocorre quando um produtor tem clientes que querem comprar prata, mas o produtor não tem prata em mãos para vender. O que ele faz? Empresta (aluga) a prata de alguém que tem um monte dela (como os bancos centrais costumavam ter) e promete devolver a prata em algum momento do futuro. O produtor, então, vende a prata a seu cliente.

O problema com o aluguel de prata (e de ouro também) é que os empréstimos nunca são pagos. Em vez disso, transformam-se em mais emprés-

---

Nota da Tradutora: Essa situação é conhecida no mercado como *short squeeze*, ou seja, os vendedores a descoberto não conseguem cobrir suas posições e acaba ocorrendo forte pressão dos preços.

108 PAI RICO: COMO INVESTIR EM METAIS PRECIOSOS

timos. De acordo com algumas estatísticas, para que fossem pagos todos os contratos de aluguel, a extração teria de ser 100% devotada a essa tarefa por um período de dois anos. Isso significa que não haveria produção de qualquer joia, celular, *laptops* etc. nesse período.

Todo esse aluguel gera um suprimento fantasma. Como afirmou Theodore Butler: "Existem 150 milhões de onças de ouro e 1 bilhão de onças de prata emprestadas no mercado atual – e não há reservas para serem entregues. Então, o que essa oferta-fantasma faz? Achata os preços. Em algum momento, todo esse sistema de aluguel desmoronará e, quando isso acontecer, essa oferta-fantasma desaparecerá e o preço irá às alturas.

ESTOPIM 3: CERTIFICADOS

Falei com Ted Butler umas duas vezes antes de escrever isso. Quando cheguei a esse ponto das empresas que vendem certificados de prata, ele comentou sobre as empresas sólidas e confiáveis que fornecem armazenamento para os clientes a quem vendem prata. O problema é que estão vendendo prata imaginária. Ele explicou que, quando começou a escrever sobre o estoque-fantasma de prata, as pessoas achavam que ele havia enlouquecido. Mas em outubro de 2007, ele escreveu um artigo intitulado "Dinheiro por Nada". A essência do artigo era que a Morgan Stanley estava sendo processada por não armazenar metal precioso, como a prata, mesmo cobrando custódia de seus clientes. A pior parte é que não refutaram a acusação. Ao contrário, alegaram que não estavam fazendo nada de errado "ao cobrar pela custódia de um metal que não existia, já que essa era uma prática mais do que comum na indústria financeira".

A frase de Ted Butler para essa prática é "conta de custódia de prata não lastreada por prata". Essencialmente, as grandes empresas como a Morgan Stanley ficam com o dinheiro do cliente e o usam, sem pagar juros, enquanto o cliente mantiver sua conta de investimentos em prata – em geral, para a maioria dos investidores, um tempo bastante longo. Durante esse período, não são obrigados a ter, de verdade, qualquer prata em mãos para lastrear o dinheiro. E o que é pior: algumas empresas como a Morgan Stanley ainda cobram pela custódia de uma prata que não está armazenada e que nem ao menos existe. Basicamente, isso é fraude! Assim como é o aluguel de metais preciosos. Quando – e não *se* – uma corrida pela prata ocorrer no futuro, essas instituições não terão reservas em mãos para honrar seus compromissos. Isso fará as pessoas que têm reservas físicas de prata aguardarem pacientemente que os preços explodam, graças ao pavio curto das *short positions*.*

ESTOPIM 4: ETFS

Muitos de meus colegas da indústria de metais preciosos acreditam que os Fundos de Índices (ETFs – Exchange-Traded Funds)** não devem ter todo o metal que alegam ter e são, provavelmente, outra ferramenta para manipular o preço da prata e do ouro.

Isso pode vir ou não a ser verdade. Se for verdade, e estão jogando o mesmo jogo da Morgan Stanley, então o preço dos metais irá para as nuvens quando a manipulação for exposta. E, se não for verdade, e os ETFs forem 100% legítimos, então será um estopim ainda maior. Por conta de seu crescimento explosivo, devoram imensa quantidade de ouro e prata.

Os detonadores

Agora que estabelecemos os estopins para o *boom* dos investimentos em prata, vamos falar um pouco dos detonadores.

ESTOCAGEM

David Morgan diz que, quando "os usuários comerciais perceberem que há uma escassez em curso, o preço da prata aumentará tanto que poucos acreditarão ser possível. Por quê? Porque, a essa altura, os usuários de prata da indústria bélica, automobilística e eletrônica estarão todos competindo pela prata ao mesmo tempo que os investidores perceberão o potencial de lucro". O significado disso é que os compradores industriais começarão a comprar tanta prata quanto seja possível, para estocá-la com o objetivo de destiná-la à produção de mercadorias. Isso reduzirá significativamente a oferta no mercado e provocará aumento de preços.

---

*Nota da Tradutora: O autor brinca com as palavras, já que curto em inglês é *short*, assim como as posições, que também são *short*.

**Nota da Tradutora: Os Fundos de Índice foram regulamentados no Brasil, recentemente, para negociação na BMF & BOVESPA. Por esse motivo, ainda não existem muitos fundos desse tipo em nosso país, embora nos Estados Unidos sejam amplamente utilizados.

GRANDES COMPRADORES

Algum dia, alguém, em algum lugar, tentará segurar uma grande posição em prata. Bill Gates provavelmente tem dinheiro suficiente em sua carteira para comprar toda a prata existente ao preço de hoje.

MÍDIA FUTURA

Como você verá adiante, o ouro e a prata formarão, algum dia, uma bolha econômica, assim como recentemente ocorreu com os mercados acionário e imobiliário. Quando isso acontecer, o ouro e a prata ocuparão as primeiras páginas dos jornais e o conhecimento da raridade da prata irá de algo como uma pessoa em 100 mil para algo como "todos sabem a respeito".

A PERCEPÇÃO DO PÚBLICO

Quando o público em geral finalmente acordar do coma e atacar, raciocinará corretamente, no sentido de que US$50 em prata poderão dobrar mais facilmente do que US$2 mil em ouro. Como disse Ted Butler: "As pessoas não gostam da prata porque você consegue muito dela com pouco dinheiro." Ou seja, frequentemente, as pessoas pensam que, quanto mais barato é algo em termos de dólares, menor é seu valor. Nem sempre é o caso, e essa percepção, ao menos no tocante à prata, mudará... assim como mudou em 1979.

E aqui vai a melhor parte. Qualquer um desses detonadores pode fazer o suprimento de prata física se tornar praticamente inexistente. Quando isso acontecer, toda aquela oferta de prata-fantasma e todo o aluguel de metais provocarão uma explosão de preços muito maior do que se pode imaginar.

A REDE DE SEGURANÇA DA PRATA

Uma última coisa interessante sobre os investimentos em prata é que ela tem uma rede de segurança interna, ao menos aos preços de hoje. Desde que comecei a comprar prata, vi o preço ir de US$4,25 a US$21. Também investi em muitas mineradoras e vi o preço da prata subir e o mercado de ações disparar, mas a maior parte das empresas mineradoras ainda não apresentou lucro.

Isso é importante para se compreender, porque, em um mundo que está para ficar sem prata, um dos metais industriais mais procurados, é impossível sustentar o preço abaixo do custo de produção para a maioria dos produtores. O preço não tem como despencar e continuar baixo. Eventualmente, terá de subir significativamente acima do custo de produção para encorajar a prospecção e novas áreas de mineração para atender à demanda.

A melhor parte sobre essa rede de proteção é que vai ficando ainda mais segura à medida que o preço da prata sobe. Grande parte dos custos associados à extração do minério está relacionada com gastos com energia. A prata sobe quando o preço do petróleo sobe. Se você acha que o preço do petróleo subirá no futuro... então sua rede de proteção ficará ainda mais segura.

De volta para o futuro

Então, até onde acho que o preço da prata chegará? Isso não é realmente importante. Como eu disse anteriormente: "O preço nada significa. Qual é o valor?"

Posso, honestamente, dizer que o preço da prata está extremamente subvalorizado neste momento, o que nos leva ao início deste capítulo. Lembrese de que, pelos 2.000 primeiros anos da história, o câmbio entre ouro e prata foi de 12 onças de prata para 1 onça de ouro, em média.

Aqui a parte emocionante. Com tempo suficiente, os valores sempre revertem para a média, mas quando algo está seriamente fora do trilho, normalmente superará muito a média antes de retornar ao centro. Quanto mais tempo e mais fora do trilho estiver, mais irá superá-la.

Por mais de um século, a taxa entre o ouro e a prata tem estado mais fora da normalidade do que qualquer outra coisa de que se tem notícia e, quando escrevo isso, essa taxa de troca está muito acima de 50 para 1. Você pode apostar que, quando um corrida da prata acontecer, essa taxa vai cair como uma pedra, e estou confiante de que voltará à média histórica de 12 para 1. E como há muito menos prata do que ouro para os investidores comprarem, acredito que poderá até mesmo chegar ao ponto de se igualar ou de exceder o preço do ouro. Agora você sabe a razão de a prata ser, realmente, um metal *precioso*.

Parte III

Amanhã

Capítulo 12

O *pêndulo*

Ao longo deste livro, tenho falado sobre ciclos e de seus efeitos sobre os mercados, a economia e nossos investimentos. Acredito que, se você estudar o suficiente, chegará à conclusão de que todas as coisas acontecem em ondas e ciclos.

Os ciclos estão em todos os lugares da natureza, mas como produto da natureza humana, os mercados financeiros e de *commodities* também exibem comportamentos com padrões cíclicos. Períodos de otimismo e pessimismo parecem subir e descer com regularidade previsível. Mas os diferentes ciclos podem arrastar-se por dias, semanas, meses, anos, décadas e até mesmo séculos. Por isso, é difícil se planejar para esses eventos, devido à ausência de experiências anteriores em relação a esses movimentos.

Essa é uma das razões para a educação financeira ser tão importante e eu me orgulhar tanto de trabalhar para Robert Kiyosaki, que acredita que educação e inteligência financeira são vitais para se sobreviver no mundo econômico de hoje. Você pode ler mais sobre o compromisso de Robert Kiyosaki com a educação financeira em seu livro *Desenvolva sua inteligência financeira*, um dos melhores livros sobre o assunto que já li.

116 PAI RICO: COMO INVESTIR EM METAIS PRECIOSOS

Como prova de que esses ciclos são reais e de que seu efeito é relevante sobre a estratégia financeira, falarei brevemente de alguns dos ciclos mais comuns.

O ciclo de avaliação das ações (valuation) ou ciclo do índice Preço/Lucro

Em nome da simplicidade, eu diria que o índice P/L (preço/lucro) é apenas uma medida do quanto uma ação está super ou subvalorizada. Quando o mercado está em alta vigorosa, todos querem entrar e as ações se tornam supervalorizadas, o que resulta em um alto P/L. Em um mercado de baixa, todos querem sair e o preço cai; as ações se subvalorizam, o que resulta em baixo P/L.

Os ciclos de ativos tangíveis para intangíveis ou ciclo dos ativos fiduciários para ativos reais

Há um ciclo que mede a preferência do público por ativos intangíveis, o que significa ativos como ações, ou ativos tangíveis como ouro, imóveis, *commodities* ou artigos colecionáveis. Não há melhor exemplo disso do que o índice da bolsa em relação ao ouro – em nosso exemplo Dow/Ouro. Esse índice representa os pontos do índice da Bolsa de Valores de Nova York medidos em relação ao ouro, ou quantas onças de ouro uma fração do Índice Dow Jones custa.

O ciclo do mercado imobiliário

Se você precificar o mercado imobiliário em função de onças de ouro, e não de moeda corrente, descobrirá que esse mercado também segue o mesmo ciclo, de sobrevalorizado para subvalorizado e de novo para sobrevalorizado.

O Gráfico 24 mostra o índice P/L do Dow Jones, o valor em relação ao ouro e o valor em relação aos imóveis – também medido em ouro, do ano de 1920 até o presente. Pode-se ver com clareza o movimento de sobe e desce dos ciclos, que são bastante evidentes. Observe, também, que o *timing* dos ciclos para os três itens – P/L, Dow/Ouro e Imóveis/Ouro – é quase idêntico.

Gráfico 24. Preço das casas em ouro, índice P/L e Dow/ouro

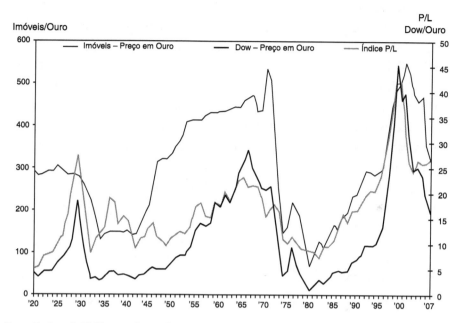

Fonte: Robert J. Shiller, professor de Economia, Yale University; Associação Nacional de Corretores de Imóveis.

No período do *crash* do mercado acionário de 1929 e da Grande Depressão, os índices P/L, Dow/Ouro e Imóveis/Ouro caíram quase exatamente ao mesmo tempo. Então, o preço dos imóveis se reverte antes das ações, à medida que milhares de soldados voltaram da Segunda Grande Guerra, se casaram, compraram uma casa e começaram a gerar o *baby boom*.

Perceba que, mais uma vez, as ações e os imóveis caem em valor simultaneamente comparado ao ouro. Isso não foi tanto a queda das ações e imóveis, mas o ouro subindo à medida que buscava equivalência com os dólares criados desde 1934. Mas prova de que é parte do ciclo é o fato de o índice P/L caminhar junto. Então, você pode ver o grande *boom* do mercado acionário da história, que começa nos anos 80, e, simultaneamente, a queda do preço do ouro, em um período substancial de baixa de 20 anos.

Mas então, na virada do século, algo realmente impressionante ocorre. Desde o ano 2000, a grande virada da bolsa e o maior *boom* do mercado imobiliário nada foram além de miragem. O tempo inteiro em que seu preço aumentava, seu valor caía. E não é só porque o preço do ouro subia mais rápido do que as ações ou os imóveis. A queda do índice P/L confirma que havia algo mais fundamental em curso.

Meu sócio, Brent Harmes, tem estudado esses ciclos por muitos anos e, hoje, tornou-se um tremendo especialista. Os ciclos são sua paixão profissional. Ele estuda tantos ciclos de investimentos quanto pode e identificou muitos ciclos-chave que são críticos para o sucesso do investidor. Ele acredita que os investidores que observarem como a história tem se repetido, em vez de escutarem o que a multidão diz, conseguirão acertar sempre.

O Gráfico 24, que cobre quase um século, é meramente um exemplo. As três ondas ali caracterizadas são apenas as três séries e os ciclos mais recentes, que partem do início do capitalismo de livre mercado. Nos últimos 200 anos, já houve cinco dessas ondas nos Estados Unidos. E estamos no início da sexta. É o chamado ciclo das *commodities*.

Surfando a onda

Robert Kiyosaki fala com frequência sobre controlar os riscos em sua estratégia de investimentos. Com provas absolutas, conclusivas e indiscutíveis, baseadas em ampla coletânea de evidências históricas, minha conclusão é que apostar contra essas forças dos ciclos de investimentos implica expor seu capital a grande risco. Diria que investir com a corrente pode fazer até mesmo o investidor inexperiente parecer um gênio. Apenas observe o quão espertos pareciam os investidores do mercado imobiliário nos Estados Unidos, até que a bolha estourou. Mas os investidores que fazem a lição de casa, estudam o ciclo em que se encontram e compreendem as formas de determinar quando um ciclo está chegando a um fim podem simultaneamente aumentar o potencial de ganhos enquanto limitam seu risco.

Vou lhe mostrar o quão poderoso pode ser surfar a onda. Para isso, uma vez mais, usarei o índice Dow como representação das ações *blue chips*.*

Vou contar a história de dois investidores antigos, Bob e Paul. Vamos ver como se comportam com os investimentos mais conservadores que o dinheiro pode comprar... ouro e ações do Dow Jones.

Ambos nasceram em 1903 e se tornaram investidores naquele mesmo ano, quando seus pais compraram uma fração da Dow Jones. O Dow caiu

---

**Nota da Tradutora*: As companhias de grande porte e de grande liquidez na Bolsa de Valores são chamadas de *blue chips*. São as mais negociadas.

O PÊNDULO

119

naquele ano para apenas 30 pontos. Por sorte, seus pais usaram, cada um, duas peças de ouro de US$20 e de US$10 (1,5 onça de ouro).

Por volta de 1923, seus investimentos conservadores triplicaram de preço, em relação aos 20 anos precedentes, mas então o mercado de ações disparou e, em 1929, cada fração valia mais do que 12 vezes o que seus pais pagaram. No ano anterior, Bob encontrou uma bela loura chamada Betty; Paul encontrou Patty. Ambos se casaram. No verão de 1929, Bob e sua noiva, Betti, foram abençoados com a chegada do bebê Bubba, enquanto Paul e Patty tiveram a princesinha de nome Pamela.

Bob vinha poupando para um novo carro e faltavam apenas US$100 para completar os US$495 que custava um Ford novinho em folha. Bob foi pego na euforia do mercado de ações e, seguindo a tradição do pai, comprou de presente para seu filho recém-nascido frações no valor de 18 onças de ouro (US$380) com o Dow valendo 380 pontos. Mas Paul sentiu-se incomodado com a ideia de que o Dow não poderia subir para sempre, estando já a 380 pontos. Assim, no verão de 1929, vendeu suas ações, recebendo 18 onças de ouro, que guardou para Pam.

Cerca de dois meses depois, o Dow despencou. E, três anos mais tarde, chegou ao fundo do poço, valendo apenas 40 pontos (equivalente a 2 onças de ouro). Paul pegou suas 18 onças de ouro que recebera da venda das ações em 1929, antes da queda do Dow, e comprou ações novamente para sua filha, Pam. Os investimentos de Pam renderam bem nas três décadas seguintes, mas, em 1966, seu pai, Paul, agora com 63 anos e aposentado, telefonou para ela e compartilhou um pequeno segredo. Por muitos anos, vinha pensando o quão sortudo era por ter um sexto sentido em relação ao momento em que as ações estavam sobre ou subavaliadas. Isso o fascinara tanto que passara a estudar o mercado acionário desde que se aposentara e descobrira um segredo valioso: o preço das ações parecia flutuar para cima e para baixo, como um grande pêndulo. E explicou a ela o que eram os índices P/L e como as ações estavam supervalorizadas naquele momento. Também havia calculado que, medido em termos do ouro, o Dow estava 1,5 vez mais valorizado do que esteve no pico em que vendera em 1929. Pamela desligou o telefone, ligou para seu corretor e vendeu suas nove frações do índice Dow Jones. No dia seguinte, ela comprou ouro e ficou agradavelmente surpresa ao descobrir que comprara 252 onças de ouro com o dinheiro das ações.

No final dos anos 70, o preço do ouro começou a subir e, em janeiro de 1980, o ouro estava na primeira página dos jornais todos os dias. O pai de

120 PAI RICO: COMO INVESTIR EM METAIS PRECIOSOS

Pamela ligou novamente para dizer a ela que essa mania não poderia durar para sempre. Lembrava o frenesi de 1929. Ele também disse que o P/L estava ao menor valor desde 1932 e que as ações estavam extremamente subvalorizadas. No dia seguinte, o ouro atingiu US$850. Pamela ligou para o corretor e pediu que vendesse seu ouro e comprasse ações com o valor da venda. O Dow estava a 850 pontos e Pamela conseguiu, com as 252 onças, comprar 252 frações do Dow Jones.

Paul morreu em 1990. Ele estava com 87 anos. Pamela pensou em suas lições ao longo da vida. Em 1999, quando seu jardineiro lhe disse que estava investindo em ações de tecnologia, Pamela sentiu certo desconforto. Meu pai devia se sentir assim, ela pensou. Ela olhou o índice P/L do Dow Jones e descobriu que estava 30% mais alto do que o pico do mercado antes da quebra de 1929. Em seguida, ela dividiu os pontos do Dow Jones pelo preço do ouro e descobriu que, comparadas ao ouro, as ações estavam quase 2,5 vezes mais sobrevalorizadas do que estiveram antes do *crash* de 1929. Ela foi ao computador, conectou-se com sua corretora e vendeu sua cota de ações. Alguns dias depois, ela comprou 11.088 onças de ouro.

Em março de 2008, Pam recebeu a ligação de um velho amigo da família, Bubba. O pai de Bubba, Bob, falecera. Vivera até a incrível idade de 105 anos. Bubba disse que ele vivia segundo a sabedoria financeira que seu pai lhe ensinara, "não gastar mais do que ganhava, ficar longe das dívidas, poupar sempre e investir para o longo prazo". Também se gabou do quando se dera bem. Ele disse a Pamela que a parcela de ações do Dow Jones que seu pai havia comprado em 1929 valiam agora US$12 mil e que seu pai havia deixado para sua irmã ações que seu avô havia comprado em 1903 e pago apenas US$30. Pamela não disse uma única palavra. Ela sabia muito bem quanto valiam os US$30 de seu avô, porque a matemática era bem simples. Ela tinha 11.088 onças de ouro e o ouro valia US$1 mil a onça. Portanto, o valor eram US$11 milhões. Ela percebeu que um silêncio se estabelecera ao telefone e, então, disse: "US$12 mil... Que legal, Bubba."

Após a ligação, Pamela fez algumas contas. Quando ela calculou os ganhos de Bubba, percebeu que a fração que seu avô comprara por US$30 renderam 39.900% e a parte que o pai dele havia comprado por US$380 trouxe um ganho de 3.085%. Mas foi quando ela acessou o valor em termos de ouro que conseguiu ver as coisas com maior clareza. Bob havia pago 18 onças de ouro por aquela fração do Dow Jones que comprara para Bubba em 1929, mas agora ela valia apenas 12 onças.

O PÊNDULO

Bubba investiu em ações durante a vida inteira e, após 72 anos, o Dow havia perdido 33% de seu valor.

Pam já sabia que 1,5 onça de ouro que seu avô havia investido se transformara em 11.088 onças. Mas apenas quando ela fez as contas conseguiu perceber o imenso poder do conhecimento que seu pai lhe transmitira. O aumento de 1,5 onça de ouro para 11.088 representou um ganho de 739.100% em valores absolutos. Mas ela se sentiu completamente atordoada quando descobriu que, devido aos instintos de seu pai e, mais tarde, o conhecimento que ela própria adquiriu ao estudar o passado, o investimento de US$30 de seu avô propiciara um retorno de preço de quase 37 milhões por cento.

Essa é uma história divertida, mas aqui vai a melhor parte. Você não precisa esperar 100 anos para que ocorra uma transferência de riqueza para você. A história mostra que as maiores fortunas são criadas em períodos curtos, durante os ciclos em que as *commodities* estão superando os investimentos em renda variável e os metais preciosos estão se revalorizando. Nesse exemplo, na primeira vez em que Paul e seus descendentes começaram a investir em ações, tiveram de esperar 26 anos antes do pico do ciclo; a segunda vez levou 34 anos; a terceira, 20 anos. Mas o tempo de investimento em ouro foi de apenas três anos da primeira vez, 14 anos da segunda e, hoje, oito anos.

Em geral, o Dow está subvalorizado, comparado ao ouro quando custa menos de 4 onças de ouro, empatado quando está em cerca de 6 ou 7 onças e sobrevalorizado quando custa mais de 10 onças de ouro. Como comentamos no último capítulo, quando algo está muito fora da realidade, geralmente tende a se autocorrigir, revertendo para a média (e tudo sempre se corrige para a média). Em 1929, o Dow estava supervalorizado a 18 onças e, quando reverteu para o centro, o movimento do pêndulo trouxe o valor para 2 onças. Em 1966, a relação estava extremamente sobrevalorizada a 28 onças de ouro por cota e, em 1980, o pêndulo corrigiu a relação para apenas 1 onça por ponto.

Dadas as condições econômicas de hoje, creio que a relação Dow/ouro ficará em 2, mas eu não me surpreenderia nem um pouco se chegasse a apenas 1 onça.

Existem, claro, mais exemplos de ciclos econômicos que eu poderia citar, mas é suficiente dizer que existem e que estar consciente dessa existência e saber como funcionam vai ajudá-lo enormemente a maximizar seus investimentos.

Como disse no início deste livro: "Esses ciclos que se criam e fluem ao longo da história são tão naturais quanto o vaivém das marés. E enquanto seguir contra o fluxo pode ser perigoso para sua saúde financeira, investir a favor das ondas pode lhe trazer grande fortuna."

Eu digo que você deve nadar com a maré e, nesse momento, a maré está na direção das *commodities*, especialmente ouro e prata. Continue a se educar financeiramente, aprenda, leia os livros da série Pai Rico. Conhecimento é poder. Empodere-se e prepare-se para subir na próxima grande onda. Porque a única coisa que permanece a mesma é a mudança.

Parte IV

Como investir em metais preciosos

Capítulo 13

Cuidado com as armadilhas

A esta altura, você já dispõe de boa quantidade de informações. Se você nunca estudou a história das moedas, os ciclos econômicos e todos os outros tópicos que cobrimos até agora, pode achar que realmente é muita coisa. Mas eu lhe asseguro que há método em minha loucura.

Toda essa história – e teoria – que temos visto é boa apenas para uma coisa: equipar você com o conhecimento necessário para investir com inteligência em dinheiro real... e se as moedas correntes, e o dólar em especial, sobreviverem, você poderá até mesmo ganhar muito dinheiro *fiat* com isso.

Assim, devotarei o restante deste livro para algumas aplicações práticas relacionadas às informações que cobrimos até aqui. Ao terminarmos, você se sentirá mais confiante para investir em metais preciosos e pronto para tirar vantagem da imensa transferência de riqueza que está por vir.

Começaremos por aprender o que não se deve fazer quando se investe em metais preciosos.

As armadilhas

Há algum tempo, quando a era dos videogames começou, a Atari lançou seu agora famoso console de jogo para uso doméstico. Um dos jogos disponíveis se chamava "Pitfall" (Armadilhas)! A premissa era simples: havia um aventureiro que explorava selvas distantes em busca de tesouros perdidos. Não era nada sofisticado. Basicamente, envolvia pulos sobre animais perigosos e balançar em cipós sobre covas e buracos imensos. Se você não pulasse no tempo certo, caía nos buracos e tinha de recomeçar aquele nível. O jogo era decepcionantemente simples e, com frequência, os jogadores desistiam ao caírem no mesmo lugar, sempre.

Pensei nesse jogo quando sentei para escrever este capítulo e, para mim, ficou evidente que, após ler todo o material que escrevi até aqui, investir em metais preciosos pode ser decepcionantemente simples. A verdade é que, assim como o jogo do Atari, há muitas armadilhas que podem emboscar o investidor em metais preciosos. Podem não ser areia movediça ou precipícios, mas são tão reais quanto. E, em geral, elas vêm na forma de fraudes e engodos.

Quando comecei a falar com Robert Kiyosaki sobre escrever este livro, ele pediu especificamente que eu escrevesse um capítulo sobre fraudes, falsificações e armadilhas associadas aos investimentos em metais preciosos. Concordei prontamente.

Mas assim como os noticiários, em geral, fazem as coisas parecerem piores do que realmente são, as histórias a seguir fazem a indústria de metais preciosos ser povoada por ladrões e falsificadores. Asseguro a você que nem sempre é o caso. A indústria de metais preciosos está repleta de gente boa que deseja lhe servir bem, na esperança de que você se transforme em um cliente habitual e de valor. São aqueles poucos e perigosos enganadores que nos fazem temer e ter de nos resguardar. Por isso é tão importante saber o que não fazer quando se está investindo em metais preciosos, talvez até mais do que saber o que fazer.

ETFs (Fundo de Índices – Exchange-Traded Funds)

A sigla ETF significa *exchange-traded fund* em inglês, ou fundo de índices. É um investimento negociado de maneira semelhante às ações, mas supostamente acompanha um índice como o Dow Jones, o S&P 500, o Ibo-

CUIDADO COM AS ARMADILHAS

vespa, em vez de uma companhia em particular; ou pode ser desenhado para acompanhar *commodities* como petróleo ou ouro. Os ETFs podem ser excelentes veículos para negociações. Mas também podem ser verdadeiras armadilhas.

Muitos de meus colegas da indústria de metais preciosos passaram a desacreditar nos ETFs e os veem com grande suspeita. Alguns chegam a considerá-los outro instrumento de manipulação do preço do ouro e da prata.

Por isso, sugiro que você investigue esses instrumentos antes de comprá-los, caso estejam disponíveis em sua área.

Uma das principais razões para adquirir metais preciosos é que são um dos poucos ativos que você pode adquirir fora do sistema financeiro tradicional. E, como vimos, o sistema financeiro não anda muito confiável. Quando você compra um ETF, está adquirindo cotas de um fundo que é administrado pelo sistema, por um banco ou uma corretora, que diz ter a posse física do metal (há dúvidas). Quotas de um ETF *não são* ouro ou prata. É muito diferente de *você ter* a posse do metal!

Grupos e certificados

Ouro e prata em consórcio ou em certificados deveriam ser chamados de "Devo a você ouro ou prata *algum dia*". São promessas inseridas e gravadas em algum livro de contabilidade.

Por que as pessoas investiriam dessa forma? Simples. Primeiro, é barato e fácil, e todos nós gostamos do que é barato e fácil, não é mesmo? Segundo, os consumidores *acham* que estão comprando ouro ou prata, mas o que estão adquirindo, na verdade, é uma promessa de entrega de ouro *algum dia no futuro*. Aqui vai uma regrinha bem simples: se não há taxa de custódia, de armazenamento, então o mais provável é que não haja nada sendo armazenado.

O maior problema com esse tipo de investimento é que pegam seu dinheiro, mas não saem para comprar os metais para você. O maior problema com esse tipo de negociação é que, se o preço atingir um nível em que mais pessoas queiram resgatar seus certificados do que aqueles que queiram comprá-los, os emitentes podem não ser capazes de cobrir a demanda. Então, o esquema explode.

Alavancagem

A alavancagem pode aumentar, de forma significativa, seus ganhos, e recomendo para aqueles que são educados financeiramente com as técnicas apropriadas e são experientes e sagazes em seu uso. Mas se você não sabe o que está fazendo (e, muitas vezes, mesmo que saiba), usar alavancagem para investir pode resultar em perdas devastadoras. É simples assim. Quando você introduz a alavancagem, introduz o risco.

Para o caso de compra na margem (emprestar para comprar), você está indo contra uma fórmula matemática e acumulando taxas que são elaboradas para trabalhar contra os novatos. No caso de contratos futuros, você trabalha contra o tempo, porque introduz uma data de expiração. No caso de opções, adiciona o término de valor da opção ao longo do prazo da data de expiração e está indo contra um oponente em um jogo de "tudo ou nada", semelhante aos grandes apostadores de jogos de pôquer ou um duelo noturno contra um exímio atirador do Velho Oeste.

A alavancagem é o território dos profissionais que conhecem as chances e os números, e são os tubarões que sabem muito bem como comer as pequenas sardinhas que se atrevem a entrar em seu território. Você nunca sabe quem está do outro lado de um jogo de opções. Às vezes, é como se você estivesse jogando contra *traders* poderosos como administradores de fundos. Seja como for, se você não for melhor do que eles... então está frito!

Comprar na margem

Comprar na margem é uma faca de dois gumes, mas os dois gumes não estão afiados da mesma maneira. Isso se deve à matemática da margem, o gume que corta contra você é muito mais afiado do que o lado que corta por você, e, se você não for extremamente cuidadoso, irá cortá-lo profundamente.

Em uma conta de margem, você pode comprar mais ações ou *commodities* do que seus fundos permitem. Funciona mais ou menos como comprar uma casa. Você coloca um dinheiro de entrada, digamos 20%, e seu corretor ou banco empresta o restante, usando seus 20% como garantia. Mas diferentemente de uma casa, você não precisa fazer pagamentos. Em vez disso, se o preço do investimento aumenta, ele paga automaticamente o empréstimo com o lucro. O problema com isso é que, se o investimento cai em preço,

CUIDADO COM AS ARMADILHAS

então é você quem cobre, claro! Quando seu dinheiro reservado cai abaixo de certa porcentagem, você sai do jogo!

Aqui está como a margem funciona contra você. Digamos que você coloque o equivalente a US$100 como uma posição de investimento. Se a margem requerida por seu *broker* (corretor) for 20%, então empresta a você os outros 80% (em nosso caso, US$400 ou seu equivalente).

Então, agora, com apenas US$100 você passa a controlar US$500 em ações, e está alavancado em 5 para 1. Se a ação subir 10%, para US$550, seu lucro para o investimento original de US$100 é de 50%, ou US$50. As ações subiram 10%, mas seu lucro foi de 50%.

Mas seu *broker* aplica os US$50 contra seu empréstimo e agora você tem US$150 dos US$550 que você controla (27% do capital). Agora, você está alavancado em 3,7 para 1. Se a ação subir de novo outros 10%, para US$605, você tem um lucro de US$55, mas um ganho de apenas 37%. Agora, seus US$55 de lucros aumentam seu capital para US$205 e você passa a estar alavancado a 2,95 para 1. A próxima vez em que a ação subir 10%, seu pagamento será de apenas 29,5%. Esse processo se repete até que o empréstimo seja pago, ao ponto em que a alavancagem é zero.

Então, a alavancagem trabalhando a seu favor é um instrumento de amortecimento, que diminui desde que a ação suba. Mas e o outro lado da situação? O que acontece quando a ação cai?

Usando o mesmo cenário em que você tem US$100 em uma posição de US$500. Se o preço da ação cair 10%, você terá uma perda de US$50, ou 50%. Mas, agora, os US$50 são deduzidos de seu capital de US$100, deixando apenas US$50 em um investimento de US$450 em ações. Agora, você tem apenas um pouco mais de 11% de capital e está alavancado em uma assombrosa relação de 9 para 1. Se a ação voltar a cair em 10%, você perde US$45 ou 90% de seu patrimônio restante. Mas antes de isso acontecer, provavelmente você já recebeu de seu *broker* uma chamada de margem, que é a oportunidade de trazer mais dinheiro para subir sua posição ao mínimo requerido de 20%, em um prazo máximo de 24 (às vezes 48) horas; caso contrário, ele liquidará sua posição.

E não se esqueça da taxa de juros que seu *broker* vai cobrar de você pelo empréstimo (você não achou que era de graça, não é?). E também das taxas de administração e serviços.

No caso de metais preciosos, você também precisa acrescentar as taxas de armazenamento e custódia.

Contratos futuros e opções

Como já foi dito, alavancagem é território de profissionais. Se você é adepto desse uso, pode ampliar tremendamente seus ganhos, mas se nada sabe a esse respeito, sofrerá terríveis consequências. Futuros e opções são espécies de alavancagem. Futuros são contratos de entregas de uma *commodity* específica, em quantidade, preço e datas previamente acordados. São negociados como ações em numerosas bolsas de mercadorias ao redor do mundo. Um contrato de futuros também nada mais é do que uma promessa de dívida.

As *commodities* são as coisas tangíveis que comemos, usamos e/ou compramos: gado, chocolate, cobre, milho, algodão e óleo cru. Ouro, prata e platina não costumam ser negociados em bolsas como contratos futuros.

Os contratos futuros são veículos financeiros altamente alavancados e as opções de contratos futuros são alavancadas ao máximo. A satisfação com os ganhos podem ser enormes, mas a dor com as perdas podem ser excruciantes.

Se quiser experimentar a sensação com muito menos dor acompanhando a perda, por favor, eduque-se muito antes de usar alavancagem.

Como nos lembra Eric Sprott, da Sprott Asset Management, os profissionais financeiros veem o pequeno investidor como o "plâncton do mundo financeiro". Se você quer ser esse plâncton, vá em frente e use alavancagem sem se educar financeiramente antes. Mas se você fizer isso, saiba que vão trucidá-lo, escarafunchá-lo e festejar sobre o que restar de sua carcaça financeira.

Numismática

A numismática é definida como o estudo ou coleção de moedas, medalhas e papel-moeda. Numismática é o termo próprio para o colecionador de moedas e a palavra deriva do grego *numisma*, que significa "moeda corrente".

Quando me perguntam sobre a numismática como investimento, usualmente digo a meus clientes que as moedas de coleção são lindas e, em um mercado de alta, algumas têm ótimo desempenho. Mas a palavra-chave aqui é *algumas*. Assim, se você pretende investir em moedas, melhor aprender muito mais sobre elas do que a pessoa que as vende.

Quando disse isso a um cliente que me ligou, ele retrucou: "Sim, eu sei. Comprei moedas raras que supostamente valiam US$250 mil há alguns

CUIDADO COM AS ARMADILHAS   **131**

anos, mas agora que o preço do ouro dobrou não consigo encontrar ninguém que me pague o preço que paguei por essas_____coisas" (a palavra que está faltado aqui não pode ser publicada).

Existem três camadas de custos embutidas no preço de moedas de numismática: o conteúdo do metal, o prêmio de numismática e o lucro do vendedor. Lingotes de metal têm apenas dois custos: o conteúdo do metal e o lucro do vendedor.

O prêmio de numismática pode variar de alguns poucos trocados a muitos milhões, dependendo da moeda. As moedas mais caras, as mais raras, provavelmente sempre serão bons investimentos, porque existem apenas algumas poucas. E apenas alguns poucos colecionadores ricos podem possuí-las; para os demais, o preço depende muito da situação econômica e do humor do público. E pode ser muito difícil vender as moedas de coleções. O lucro do negociante de moedas pode variar muito também, de 15% a 100% (ou até 1.000% em casos de abusos e fraudes), enquanto o lucro dos lingotes fica, tipicamente, em torno de 1% a 5%.

Talvez eu esteja errado, mas não vejo numismática como investimento. Em todo caso, faça suas pesquisas e decida por si mesmo. Mas se for comprar esse tipo de moedas, deveria fazê-lo como hobby. Compre porque gosta delas, e não como investimento, e, assim, não ficará desapontado. Conheça as pessoas que vendem, visite as lojas de antiguidades (embora nem todos sejam, mas ainda há muitos vendedores que são especialistas, honestos e respeitados), associe-se a um clube de numismática e aprenda o máximo possível. Se tudo der certo, seu hobby pode acabar se pagando até mesmo como investimento. Caso contrário, você não vai ficar chateado.

Fraudes, engodos, roubos, falsificações, perfídia, golpes, enganações, negociatas, vigarices, charlatanismo

No setor de metais preciosos, a maioria dos negociadores são pessoas honestas, mas existem larápios e vigaristas, a respeito dos quais é aconselhável estar prevenido. Cuidado com ligações telefônicas oferecendo ouro em lingotes ou moedas raras. O mesmo com anúncios na televisão, na rua ou em revistas. Não há lucro suficiente no setor de metais preciosos para pagar por propaganda cara. Já disse antes que o lucro fica em torno de 5% no caso de lingotes, por exemplo. Na área de numismática, há muitas falsificações, principalmente de moedas, embora também seja possível falsificar lingotes.

Faça a lição de casa!

Vou dizer ainda uma vez mais. Se você vai comprar numismática, por favor, por favor, por favor, faça sua diligência e desenvolva um relacionamento com o negociante que você escolheu. Se você comprar de um negociante respeitável, provavelmente sua única preocupação será o *spread* (a diferença) entre compra e venda.

Confisco

Você se lembra quando falei que o governo americano proibiu a posse privada de ouro, tornando-a ilegal em 1933? Bem, se você acha que isso nunca mais vai acontecer, pense de novo.

É assim que funciona: o governo faz, muda e aplica as regras. Ainda que lhe falte direito moral, ele pode criar autoridade legal. Ainda que lhe falte poder constitucional, pode fechar um olho. A Constituição americana, por exemplo, diz que apenas ouro e prata podem ser dinheiro nos Estados Unidos; ainda assim, proibiram o *dinheiro* e nos entupiram de moeda corrente. A Constituição não impediu que o governo confiscasse o ouro das pessoas em 1933. Se o governo resolver voltar a declarar ilegal a propriedade privada de ouro, infelizmente não há nada que possamos fazer.

O governo pode nacionalizar o ouro e proibir seu uso privado? Certamente! Isso é provável? Quem se importa? Eu não. Não me preocupo com isso. Eu me baseio nisso para me planejar. Então, se acontecer, já cobri minhas bases. Mas se não acontecer, melhor ainda.

O governo só nacionalizaria o ouro e a prata se as pessoas os estiverem exigindo como pagamento. Se as pessoas querem o ouro e a prata como pagamento, isso significa que estamos no meio de uma hiperinflação. E se estamos em hiperinflação, a maior parte da transferência de riqueza já ocorreu e terá sido enorme. Então, limite-se a vender seus metais preciosos ao governo e compre algo tangível imediatamente (como um monte de imóveis), antes que a moeda corrente se torne inútil.

Outra coisa: qualquer ouro pode ser nacionalizável. Muitos negociantes fraudulentos podem oferecer a você o que chamam "moedas não confiscáveis". Isso não existe. Se o governo decidir banir o ouro e a prata, pode decidir que tudo o mais será banido. Eles fazem as regras. Ninguém mais.

Esquema de pirâmides

Algumas vezes, o marketing de rede ou marketing de níveis gera produtos fantásticos a preços razoáveis e, em geral, são negócios perfeitamente legítimos que lhe dão a oportunidade de produzir renda substancial de dentro da própria residência. No entanto, muitos mascaram a realidade que está por trás disso, um esquema de pirâmide em que apenas alguns ganham, enquanto muitos perdem.

Esses esquemas são ilegais e, em razão de sua natureza, empobrecem nove pessoas a cada uma que enriquece. É a estrada da riqueza para poucos e o caminho para a pobreza e o desespero para muitos. Muitos desses esquemas já começaram a pipocar, especialmente na Internet, e tenho certeza de que aumentarão muito antes de o mercado de alta dos metais preciosos terminar. Fique longe disso; não compre nesses esquemas.

Impostos (depois que você vende)

No Brasil, a alíquota de imposto sobre o ganho de capital com investimentos em ouro é de 20%. Assim como ocorre com ações, títulos, imóveis e outros investimentos, você está obrigado a declarar seus ganhos com a venda de metais preciosos para a Receita Federal. Por isso, mantenha todos os recibos de venda e peça aconselhamento profissional sobre como fazer sua declaração de renda.

Nunca é demais frisar que todo investimento envolve riscos e, com os metais preciosos, não é diferente. Neste capítulo, abordamos algumas questões e armadilhas, mas elas não foram esgotadas. Muito pelo contrário. Além disso, cada país tem suas regras e leis, como já foi mencionado no início do livro. As formas de enganar e fraudar também variam de região para região. Por isso, preste sempre muita atenção e faça sua lição de casa. Compreenda perfeitamente como funciona o mercado de metais preciosos em sua região e só depois tome a decisão que julgar correta para você.

Capítulo 14

Quem é você e quais são seus planos

O segredo para o sucesso financeiro está dentro de você. Se você se tornar um pensador crítico que não leva em consideração tudo que dizem sobre o mercado financeiro e se investir com confiança, poderá tirar vantagem até mesmo dos piores momentos de baixa do mercado. Ao desenvolver disciplina e coragem, pode recusar-se a deixar que o humor de outras pessoas governe seu destino financeiro. Ao final, o comportamento de seus investimentos importa muito menos do que seu próprio comportamento.

BENJAMIN GRAHAM

Antes de investir, será muito mais fácil, mais produtivo e muito menos estressante se você decidir quais são seus objetivos finais, para então descobrir a melhor maneira de chegar lá. Não basta dizer, "Meu objetivo é fazer muito dinheiro". Se você se lança no mercado sem um objetivo muito bem definido e um plano sobre como vai chegar lá, está procurando ansiedade e pesar. Tenho visto pessoas que entram e saem do mercado, compram e vendem, concentram os investimentos em metais preciosos e depois decidem quais ações eram melhores; em seguida, entram em pânico e vendem após lerem uma *newsletter* qualquer dizendo que pode haver queda.

Se você acredita em ciclos, como eu abordei aqui, e se pretende se tornar um investidor em ciclos, então, por definição, deveria ficar no investimento pela duração do ciclo. Não se apavore a cada queda e não mude a direção principal.

Eu costumava me preocupar constantemente se havia feito a coisa certa com relação a meus investimentos. Em 2002 e no começo de 2003, aloquei 80% dos fundos dos portfólios que controlo para alguns amigos seletos e membros da família, no setor de metais preciosos. Em 2004 e 2005, o setor estrela era o mercado imobiliário e, por um breve momento, pensei: "Devo investir esses fundos em imóveis, e não em metais?" Então, caí em mim, fiz a pesquisa e concluí: "Esse mercado imobiliário louco é apenas uma bolha em um ciclo que vem maturando nos últimos 20 anos."

Enquanto escrevo isso, a crise do *subprime* está estourando, os bancos centrais do mundo inteiro estão socorrendo o mercado, injetando bilhões de dólares na economia, e muitos dos compradores que entraram no topo do mercado estão sendo trucidados. O Fed, em 11 de março de 2008, socorreu a indústria financeira com US$200 bilhões. Como você já adivinhou, o Fed não tem esse dinheiro. Foi criado do nada, adicionado a uma economia em que o dólar já está se tornando uma piada. Isso gera pressão inflacionária e é mais um exemplo do Fed repassando os custos dos erros das grandes empresas para você e para mim em sua forma preferida de imposto escondido – inflação.

Em 2005-2006, voltei a duvidar de mim quando o desempenho de metais básicos – como níquel, zinco e chumbo – estava melhor do que o de metais preciosos. Vi o preço desses metais disparar, mas lembrei do meu plano e do fato de que metais de base não são dinheiro e nunca serão. Além disso, se a economia deflacionar, o preço baterá no chão.

Você precisa de um plano

Quanto mais estudo, mais me convenço de que não há lugar melhor para se estar nessa fase do ciclo do que em metais preciosos. Nunca mais duvidei

136 PAI RICO: COMO INVESTIR EM METAIS PRECIOSOS

de minhas escolhas e cada questão que surge sempre terá a mesma resposta: investir em metais preciosos é a maneira mais segura e inteligente para realizar meu plano.

Desenvolva um plano, redija-o num pedaço de papel e permaneça fiel a ele. Um pouco adiante, compartilharei meu plano com você.

Mas não é porque você redigiu seu plano que não pode modificá-lo. Refinamento contínuo é uma coisa boa e, se você descobrir que seu plano tem falhas, então modificá-lo é uma obrigação. Sucesso ou fracasso dependem não apenas da qualidade de seu plano, mas também do refinamento contínuo e da execução.

Um bom plano de investimentos o ajudará a se manter no curso, aumentando, assim, sua chance de sucesso. Os profissionais usam o medo e a ganância para manipular o mercado. Querer ficar sempre no topo pode ser difícil. Costuma-se dizer que é como galgar um "muro de preocupações". Se você tem um plano escrito claramente definido, pode sempre referir-se a ele quando tiver dúvidas e estará mais propenso a investigá-las se fizer pesquisas apropriadas e seu dever de casa, em vez de tomar uma decisão repentina e impensada.

Um plano demanda um objetivo, uma estratégia (uma visão geral de como você vai do ponto A até o B) e uma tática (os métodos específicos a serem empregados para se implementar a estratégia).

Como exemplo, aqui está meu plano:

OBJETIVO

Acumular x números de edifícios de apartamento de alta renda.

ESTRATÉGIA

Investir com os ciclos e identificar os investimentos de melhor desempenho em cada ciclo. Minha pesquisa tem demonstrado que os metais preciosos serão os melhores do ciclo atual do mercado.

TÁTICA

Na primeira fase de minha estratégia, empregarei a tática de investir no setor de metais preciosos. Minha posição central será em metais físicos, intensamente direcionada à prata. Conseguirei alavancar por intermédio de uma posição em uma cesta diversificada de ações de empresas de mineração e exploração. Além disso, darei início a um empreendimento que acredito prosperará no cenário econômico que vislumbro. Também me prepararei, para a segunda fase de minha estratégia, estudando os investimentos do mercado imobiliário. Prosseguirei em minha tarefa de, como investidor de ciclos, me educar financeiramente e nunca deixar de me manter vigilante. Desse modo, poderei identificar quando esse ciclo chega ao topo para mudar para o ciclo seguinte.

Desenvolva seu plano

Para desenvolver um plano de investimento certo para você, é preciso, antes de tudo, perguntar a si mesmo: *Quem sou eu?* Examine sua personalidade e determine que tipo de investidor você é. Aqui estão algumas boas perguntas a serem feitas:

- Qual é minha tolerância ao risco?
- Sou investidor ou especulador?
- Quão ativamente quero me envolver com meus investimentos?
- O que é mais importante para mim: o potencial de altos retornos ou uma boa noite de sono?
- Sou jovem ou mais velho?
- Estou investindo para construir riqueza agora ou para a aposentadoria? Se já sou aposentado, estou em busca de segurança e potencial de crescimento ou preciso de renda?

Ao escrever este livro, estou convencido de que os metais preciosos devem oferecer retornos enormes *e* boas noites de sono. Na verdade, para mim, é o único investimento que possibilita uma boa noite de sono.

Uma vez que você tenha respondido a essas questões, poderá definir seus objetivos e desenvolver uma estratégia para chegar lá.

Aqui estão alguns exercícios. Circule uma escolha para cada categoria. Se houver alguma categoria que deixei de apresentar, então adicione. Isso deverá ajudá-lo a descobrir uma estratégia que seja melhor para você, a fim de atingir seu objetivo.

Por exemplo, em relação à razão para investir, se você circulou "1, necessidade de renda", então pare de ler este livro e vá encontrar algum imóvel de aluguel. Ouro e prata não dão renda, e muito poucas empresas de mineração pagam dividendos.

Dessas categorias, acho que as mais importantes são "tolerância ao risco" e "envolvimento". Se você conhece sua tolerância ao risco e o nível de envolvimento que está disposto a assumir, então decidir como investirá em metais preciosos se torna muito mais fácil.

Tolerância ao risco

Segurança	1	2	3	4	5	6	7	8	9	10	Alto Risco

Metais Físicos – Fundos de Investimentos – Empresas Grandes – Empresas Pequenas – Opções e Futuro

Envolvimento

Nenhum	1	2	3	4	5	6	7	8	9	10	Diário
Investidor					Especulador						Day Trader

Razão para investir

Necessidade	1	2	3	4	5	6	7	8	9	10	Futuro
Renda											Fortuna

Idade

Idoso	1	2	3	4	5	6	7	8	9	10	Jovem

Tamanho da carteira

Grande	1	2	3	4	5	6	7	8	9	10	Pequena

O tipo de investidor que você é tem até mesmo mais impacto na quantidade exigida de trabalho do que o tipo de investimento que você escolhe. Acredito que um investidor que assume uma posição cedo, e se mantém no ciclo, tem maior chance de colher grandes recompensas do que outro que está tentando comprar na baixa e vender na alta, porque, inevitavelmente, chegará o dia em que você venderá naquele momento que perceberá que é um pico. Mas o pico prova não ser um pico – apenas um pequeno platô – e o preço dispara de novo e você fica aguardando pela próxima queda. Quando o pico finalmente chega, seus lucros por ter vendido muito cedo cancelam todo o lucro ganho por não ter entrado nas viradas. O resultado é que você aumentará a quantidade de tempo e esforço despendido apenas para reduzir seu potencial de retorno.

Os metais físicos são, de longe, os mais seguros e os que exigem menos trabalho do que qualquer outro no setor de metais preciosos, e ainda oferecem potencial para ganhos enormes. Compre-os agora, espere até que se tornem supervalorizados, em situação de bolha, e então os venda.

Como são incrivelmente seguros e exigem pouco acompanhamento, os metais físicos têm composto, no mínimo, 50% e até 70% da alocação das carteiras de investimentos que eu controlo desde 2003. Para alguns de meus clientes que têm tolerância menor ao risco, e estão preocupados com o dólar americano, às vezes recomendo que suas carteiras tenham 75% ou até mesmo 100% em metais preciosos físicos e, como disse anteriormente, sou muito favorável à prata. Mas não acredite em minha palavra apenas. Faça suas pesquisas e decida pelo investimento que julgar melhor para você, em função de seus objetivos.

As ações podem ser um jogo perigoso. Quando investir em ações, se você estiver confiante em seus investimentos (e você só deveria fazê-lo se estiver confiante), deverá permanecer com elas no longo prazo. Antes de eu redigir meu plano, houve duas vezes em que cedi à ganância e ao medo e vendi minha posição em empresas de mineração. Escutei alguns "bons" analistas técnicos que estavam prevendo uma baixa severa. Entrei em pânico, temendo perder parte dos lucros feitos, sucumbi à ganância, pensando que mais tarde eu poderia comprar de volta a um preço mais baixo. Nas duas vezes, o mercado conspirou para me punir e aprendi uma lição da qual jamais me esquecerei.

O mercado subiu como um foguete e fez exatamente o contrário do que os "especialistas" haviam previsto. Meu medo de comprar de volta e ver a previsão dos analistas finalmente se tornar verdadeira ou de um *crash* acontecer, causando perdas ainda maiores, acabou me mantendo fora do mercado.

Quando finalmente voltei, foi a preços muito mais altos. Não consegui comprar a mesma quantidade de ações que havia vendido. Quando adicionei os impostos e os ganhos que deixara de ganhar enquanto estava fora, fiquei apavorado. Eu teria ganhado o dobro se não tivesse saído tão cedo. Foi minha punição por não me manter fiel ao plano que eu havia traçado e escrito. Nunca mais vendi ou comprei com base em análise técnica. A análise técnica é correta em 55% a 60% do tempo, mas os fundamentos são

140 PAI RICO: COMO INVESTIR EM METAIS PRECIOSOS

corretos em 100% das vezes e sempre, sempre, sempre se comprovam ao longo do tempo.

Redija seu plano e siga-o. Quando tiver dúvidas, leia-o.

Warren Buffett disse certa vez: "Coloque todos os seus ovos em uma única cesta e depois observe a cesta cuidadosamente." Isso, para mim, é um conselho muito sábio. Ao colocar 80% ou mais em ações de mineradoras, coloquei todos os meus ovos em uma única cesta. Mas para assegurar que minha estratégia de investimento será bem-sucedida, preciso observar minha cesta cuidadosamente, sempre reavaliando minha estratégia para maximizar meus retornos.

Estou confortável com meu plano, pois me serve como um casaco confortável e um par de velhos sapatos. A única vez em que meu plano não me serviu foi quando não o segui. Dessa forma, assino várias *newsletters* e, quando elas recomendam um investimento, *eu faço* a lição de casa e, caso se encaixe em meu plano e os fundamentos forem bons, então eu compro.

Capítulo 15

Metais físicos

Muitas pessoas caem na armadilha de achar que elas não precisam ter fisicamente os próprios metais preciosos. Ou pensam que podem alavancar melhor suas posições comprando ações de mineradoras ou consideram os mercados futuros tão bons quanto o ouro.

Antes de tudo, se você está pensando, "As ações me darão a alavancagem necessária", então repense. Primeiro, se todo mundo comprar ações, e ninguém comprar ouro e prata físico, então o preço não sobe. Na verdade, o preço cai, por falta de demanda, e os fundos extras para as mineradoras fariam aumentar ainda mais o estoque. Segundo, as ações das mineradoras são *ações*, não são *ouro* e *prata*. São participações de uma *companhia* que processa ouro e prata. Como tal, estão sujeitas às condições do mercado, tal como crise da moeda ou *crash* do mercado acionário. Ouro e prata, por outro lado, podem disparar enquanto o preço das ações das mineradoras despenca.

Mas, além disso, há muitas razões para que a posse física de ouro e prata se torne a melhor forma de investir nesse momento do ciclo em que estamos. São elas:

142 PAI RICO: COMO INVESTIR EM METAIS PRECIOSOS

1. Por 5 mil anos, ouro e prata têm sido os únicos ativos que nunca falharam. Como são ativos reais de valor intrínseco, seu poder de compra nunca cairá para zero.
2. São ativos financeiros que podem ser completamente privados, e não parte do sistema financeiro.
3. São uns dos poucos ativos financeiros que não são simultaneamente o passivo de outra pessoa ou entidade. Ações, títulos e derivativos como futuros e ETFs requerem desempenho do emitente ou da contraparte. Até mesmo a moeda corrente exige desempenho do governo que a emite, no tocante ao valor. Se um governo fracassa, sua moeda também fracassa. O ouro e a prata nunca fracassam.
4. Podem ser possuídos inteiramente. Você não pode ter inteiramente sua casa, por exemplo: tente não pagar as taxas e os impostos de propriedade por alguns anos e verá o que acontece.
5. São investimentos de reserva de valor que sobem quando há um problema econômico, terrorismo ou desastre natural.
6. Têm um registro comprovado de bom desempenho nos períodos de inflação e de deflação.
7. Têm valor de alta densidade. Isso significa que, ao contrário do cobre ou do petróleo, pequenas quantidades de ouro ou prata já carregam em si alto poder de compra.
8. Cada onça tem o mesmo valor. Diamantes ou artigos colecionáveis, por exemplo, são diferentes entre si e requerem um especialista para acessar o valor, ou seja, avaliar e dar preço.
9. Ouro e prata física têm valor intrínseco, são dinheiro em si.

Recomendo que você estabeleça uma posição em ouro e prata físicos, antes mesmo de diversificar em ações de mineradoras, futuros ou ETF, ou qualquer outro investimento relacionado com metais preciosos. Isso pode acontecer de várias maneiras, dependendo de quem você é e onde esteja vivendo.

Ouro embaixo do colchão

A primeira coisa que você deve fazer é encontrar um corretor que seja confiável, que lhe dará bons conselhos e o ajudará a comprar ouro em lingotes. Você pode comprar ouro em lingotes on-line ou em lojas físicas.

METAIS FÍSICOS **143**

Como em qualquer outro mercado, o preço e a qualidade variam muito, por isso saber onde se compra o ouro é crucial. Os corretores de ouro são escassos e a maioria do ouro comprado on-line ou por telefone é entregue pelo correio. Nunca poderei alertar o suficiente, mas é importante que você faça intensa pesquisa para descobrir um fornecedor confiável. Certifique-se de que o preço que você pagará incluiu a postagem e se está segurado até o momento da entrega.

Algumas lojas especializadas em numismática vendem ouro em lingotes, mas, em geral, cobram mais do que os corretores on-line, por causa das baixas margens de lucro nas vendas. Ou então vendem os lingotes para atraí-lo para suas lojas e lhe mostrar moedas e outras antiguidades belíssimas e convencê-lo a comprar. Não caia nessa armadilha.

No Brasil, uma grande vantagem é que se pode comprar ouro físico tanto no mercado de balcão, televendas ou lojas virtuais quanto na Bolsa de Mercadorias e Futuros (BM&F) – a única bolsa no mundo que comercializa ouro no mercado físico. A venda pode ser efetuada através de uma corretora de valores ou de um banco. O mercado de prata, no entanto, se realiza apenas no balcão.

Função

Primeiro, você deve se perguntar para que quer ter ouro ou prata em sua casa. A maioria das pessoas tem ouro ou prata em casa para contar com um investimento privado e também como uma moeda emergencial e uma riqueza portátil.

Armazenando seu ouro e sua prata

Uma vez que você tenha adquirido ouro ou prata físicos, precisa decidir onde manterá o estoque. Isso sempre foi um problema – um bom problema para se ter –, mas não há uma resposta simples.

CUSTÓDIA OU COFRE

As pessoas tendem a achar que o melhor lugar para manter o ouro e a prata é deixá-los custodiados em um banco. Isso pode ou não ser uma boa ideia; você tem de tomar a decisão sozinho. Posso dizer o seguinte: quando os ataques terroristas aconteceram em Nova York, em 11 de setembro de 2001, o ouro subiu 9% e a prata, 11%, mas se seus lingotes estivessem sob custódia, em um banco, você não poderia acessá-los. Durante aquela semana, os mercados de ações e os bancos fecharam, e as ATMs ficaram sem dinheiro. Mas o ouro foi comercializado pelos corretores que estavam abertos e você poderia sair deles com algumas notas de US$100 no bolso. Os corretores de metais preciosos foram os bancos daquela semana, mas somente para aqueles que conseguiram colocar as mãos em seu ouro e prata.

O ouro em custódia não é coberto pelo FGC (Fundo Garantidor de Crédito). Assim, em caso de quebra da instituição, há a possibilidade de você não ser ressarcido.

Acredito que todos deveriam ter ouro e prata em seu poder, pois, dessa forma, é possível manipulá-lo, porque é um dos poucos ativos que podem ser completamente privados e não fazem parte do sistema financeiro. Esteja certo de que, se você escolher armanezar ouro em um banco, estará expondo o mais privado dos investimentos ao sistema mais público que existe e às leis que o governam.

Eis algumas alternativas:

UM COFRE NO CHÃO OU NA PAREDE

Você talvez queira conversar com seu agente de seguro residencial a esse respeito antes, mas se quer armazenar uma boa quantidade de ouro e prata em casa, um bom cofre é um bom investimento. Converse com um profissional da área.

COFRES PROFISSIONAIS

Verifique se, em sua cidade ou país, alguma empresa oferece esse tipo de serviço. Nos Estados Unidos, a Brink's, transportadora de valores para bancos, oferece guarda para metais preciosos. O interessante é que, em uma crise, ainda que os bancos não abram, a Brink's não fecha. Durante a semana do 11 de Setembro, o governo fechou o sistema bancário, mas a Brink's esteve aberta, fazendo negócios, recebendo e transportando ouro e prata. Estão abertos 364 dias do ano; só fecham no Natal.

A vantagem desse sistema, assim como da custódia dos bancos, é que, se você precisar vender seu metal, ele não terá de ser "recertificado" por um agente, para verificação de pureza e origem, um procedimento necessário para revenda se o ouro estiver em seu poder. Assim, não se perde tempo nem dinheiro com os certificados.

ETFS

Os Fundos de Índice são uma forma de "ouro digital", como já dissemos. Ainda que eles aleguem ter o metal "alocado", você precisa se lembrar de que, mesmo que tenham a posse do ouro, foi alocado para o Fundo de Índice, e não para você. Outra coisa a ser lembrada é que os ETFs são administrados pelo sistema financeiro e, portanto, fazem parte dele. Assim, se você recorrer aos ETFs, estará jogando o jogo deles.

Algumas palavras finais

Uma das coisas que mais gosto em relação a comprar ouro e prata físicos para armazenar em casa ou em custódiás segregadas é que você não está jogando o jogo deles, ou seja, o jogo da indústria financeira. Em vez disso, você está mantendo seu dinheiro e seus investimentos privados longe dos predadores. Você sabe que aquilo que tem é real. Você pode tocar. E o que é melhor: é dinheiro real.

Capítulo 16

Tudo se esclarece sob a luz do passado

Embora a história nunca desista de repetir a si própria, e porque nenhum desenvolvimento é inevitável, podemos até certo ponto aprender com o passado para evitar a repetição do mesmo processo. Não é necessário ser um profeta para estar consciente de perigos iminentes. Uma combinação acidental de experiência e interesse, com frequência, revelará para uma pessoa aspectos de um evento que outras poucas enxergam naquele momento.

F. A. HAYEK, *THE ROAD TO SERFDOM*, 1944

Goste você ou não, o império dos Estados Unidos está em declínio. Sim, os Estados Unidos são um império. O poder e a presença militar americanos estão em toda parte do globo e os Estados Unidos são a única nação da face da Terra que, devido ao status do dólar, de reserva monetária do mundo, tem a habilidade de taxar, por meio da criação de moeda, todas as outras nações.

A história, parece, está sempre condenada a se repetir e, assim como ocorreu com todos os impérios anteriores, no meio de incertezas econômicas, os americanos estão rifando sua liberdade no processo. Deveria estar claro, a esta altura, que os Estados Unidos não são diferentes da Grécia antiga, de Roma ou de qualquer outro império que tenha estruturado sua expansão pela criação de moeda *fiat*.

Serviços públicos, programas sociais e guerra pagos por déficit é uma mistura letal – e sempre foi assim. Ao longo da história, trouxe a queda dos impérios. Por isso e por uma miríade de outras razões, os dias do dólar como reserva financeira do mundo e, portanto, a possibilidade de os Estados Unidos ditarem a política econômica mundial por meio da criação de moeda *fiat* estão contados.

E eu não sou o único "lunático" dizendo isso. O senador Charles Schumer, durante o testemunho de Ben Bernanke diante do Comitê Conjunto de Economia do Congresso, em 8 de novembro de 2007, comentou: "Francamente! Queda nos preços das casas, falta de confiança na concessão de crédito, dólar enfraquecido e preço do petróleo... juntos, são essencialmente, os quatro cavaleiros do apocalipse econômico."

Má notícia para os Estados Unidos, mas *excelente* notícia para os investidores em metais preciosos. "É terrível", você diria. Sim, é, mas o governo americano insiste em destruir a prosperidade da qual já desfrutou um dia. Eu não posso pará-lo; na verdade, ninguém pode. Então, devemos fazer o melhor possível para tirar vantagem dessa transferência de riqueza.

Eu gostaria que não fosse assim, mas o padrão de vida está caindo drasticamente, especialmente nos Estados Unidos. No entanto, a economia pode tornar-se ruim para muitos, mas ficar interessante para você.

Os tempos mudam rapidamente. Informação, ideias, sentimentos, conhecimento, opinião e compreensão estão mudando com mais rapidez do que em qualquer outro momento da história, principalmente devido à mídia de massa e à internet. Há certa iluminação ocorrendo e uma das áreas do aumento de percepção e de conhecimento é a imoralidade da criação de moeda corrente e da transferência de riqueza que isso provoca.

O paradoxo é que, quanto mais pessoas sabem que a moeda rouba silenciosamente suas riquezas e começam a perseguir o dinheiro real, quantidades maciças de riqueza são transferidas dos retardatários para aqueles que adquiriram os metais preciosos bem mais cedo.

148 PAI RICO: COMO INVESTIR EM METAIS PRECIOSOS

Não sou o único a considerar a possibilidade de que o dólar, e como consequência todas as outras moedas *fiat*, fracassem. A história fornece uma chance de 0% de sobrevivência para o *fiat money* e, hoje, todas as moedas do mundo são *fiat*.

Então, como se dará a transferência de riqueza se todas as moedas *fiat* fracassarem? E como isso o afetará?

Pense em sua cidade. Agora tente adivinhar quantas pessoas, na verdade, acumulam parte substancial de sua riqueza em metais precisos. É uma em cada 1 mil, 2 mil, 5 mil ou 10 mil? Seja qual for o número, se as moedas do mundo fracassarem, o poder de compra daqueles que não tiverem metais preciosos seria transferido para aqueles que têm – e esse, sim, seria um número absurdamente grande.

Uma das razões para eu escrever este livro é o fato de alguns grandes *players* assumirem posições enormes em metais preciosos neste exato momento. Estou preocupado com a possibilidade de alguns desses grandes *players* – que já são "*über*-ricos" – ficarem com todos os ganhos. Uma transferência de riqueza dessa natureza pode ser a estrada da servidão para as massas. Foi por isso que fiz disso minha missão: fazer o ouro e a prata chegarem às mãos do maior número possível de investidores privados.

Você pode aumentar seu padrão de vida exponencialmente agora, mais do que em qualquer outro momento da história e sem se expor a grandes riscos.

Quase todos os profissionais de finanças e até mesmo aqueles da comunidade de metais preciosos lhe dirão que não se trata de um investimento, mas de uma reserva de valor. Seguro de riqueza, se preferir.

Mas enquanto é verdade que o ouro e a prata são, a qualquer tempo, reservas de valores e proteção contra crises econômicas, existem esses momentos breves em que esses metais são simultaneamente reserva de valor e o investimento de melhor performance do dia, rendendo ganhos maciços em poder absoluto de compra.

Dessa vez, no entanto, a transferência de riqueza está nos imensos desequilíbrios globais jamais vistos, além do fato de que, pela primeira vez na história, todas as moedas correntes são *fiat* e estão apresentando sinais de fraqueza e de rachaduras no sistema financeiro global.

É impossível enfatizar o suficiente quão incrivelmente raro é este momento. Não se trata apenas de uma oportunidade única na vida de alguém; é uma oportunidade única na existência humana e nunca acontecerá novamente. A transferência de riqueza será do tipo que o mundo nunca viu antes. Se você não tomar qualquer atitude, mesmo depois de ter lido este livro, irá se arrepender pelo resto da vida.

Então, essa luta acabará com os metais preciosos ganhando por decisão técnica à medida que o preço do ouro e da prata for elevado a alturas astronômicas, enquanto busca se equiparar ao preço das moedas *fiat*? Ou será um nocaute total e a morte do *fiat money*? Isso decidirá se a transferência será grande ou absolutamente gigantesca. Mas isso não importa, porque *não há cenário possível em que o ouro e a prata não subam.*

O Gráfico 25 é idêntico aos Gráficos 2, 3 e 4, a base monetária, mais o crédito rotativo *versus* o valor do dólar das reservas de ouro dos Estados Unidos, só que, dessa vez, o gráfico se estende até 2008. O que realmente impressiona nesse gráfico é que ele mostra, com clareza, a retomada de preços que o ouro fez, sempre, pelos últimos 2.400 anos, e que recomeçou. Para fazer o que fez em 1934 e 1980, o preço em dólar do ouro terá de exceder US$6.900. E isso é fantástico!

Esses são os números se eles deixarem de emitir moeda corrente e criarem crédito – e se o dólar sobreviver. Se o dólar não sobreviver, então o preço do ouro em dólares será infinito.

Gráfico 25. Base monetária & crédito rotativo
***versus* reserva em ouro (1918-2008)**

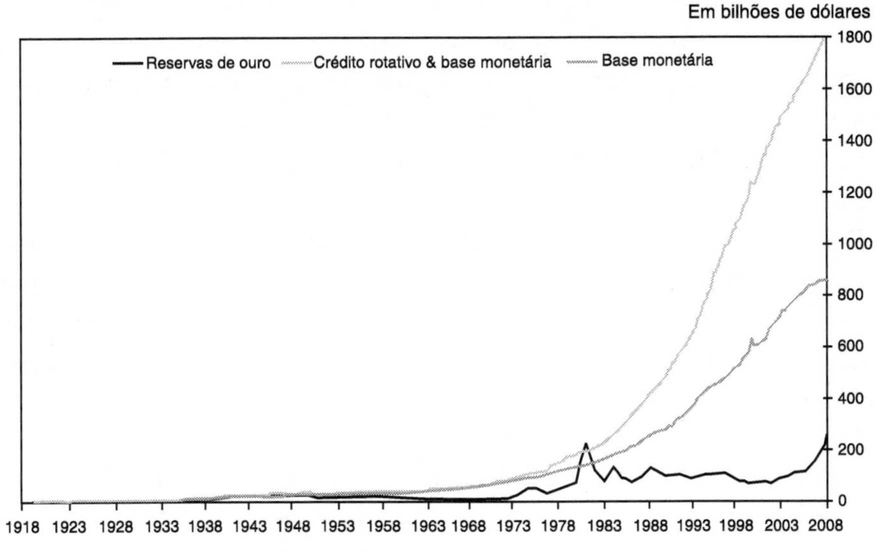

Fonte: Federal Reserve Bank, St. Louis.

Clareza de visão

Sinto-me privilegiado, porque, logo após o 11 de Setembro, um amigo meu, Cameron Hamza, me apresentou a um grupo de homens de visão. Homens como Richard Russell, Jim Puplava, Jim Rogers e Marc Faber. Eu os escutei atentamente e continuo a escutá-los ainda hoje.

Desde a virada do século, esses homens têm pulado para cima e para baixo, apontando para o horizonte e dizendo a quem quisesse ouvi-los: "Olhe... algo está vindo." "De onde?", perguntávamos. "Lá longe, um ponto no horizonte. Olhe, é enorme. Você não está vendo?"

Pessoas com visão média não poderiam ver o que eles estavam vendo, então elas os ignoravam, chamando-os de loucos e coisas assim. Mas eu podia enxergar uma mancha cinza, um borrão, então olhei com mais acuidade. Estudei, li, me eduquei financeiramente e ouvi outros homens cujas visões eram mais precisas do que a minha. Homens como David Walker, Richard Duncan e Ron Paul. E, à medida que meu foco foi melhorando, eu também pude ver.

Comecei a reunir outros homens com clareza de visão. Homens que pudessem me mostrar como me proteger do que estava vindo. Homens como James Turk, David Morgan, John Embry, Ted Butler e Ian Gordon. Todos esses homens se juntaram e formaram uma pirâmide humana e me disseram para subir no topo; assim, eu poderia enxergar melhor o horizonte. "Lá está!", gritei. "É a maior tempestade que este planeta já viu, um ciclone colossal, uma tempestade de proporções inimagináveis e está vindo em nossa direção."

"Sim", disseram, "nós sabemos. Temos tentado avisar às pessoas por anos, mas poucos escutaram." É para esses homens com visão e para aqueles que eles estão tentando alertar que escrevo este livro. Agora adiciono minha voz à deles.

Encontrei Robert Kiyosaki em 2005. Ele estava em um de seus eventos favoritos ao vivo: o estudo de um livro que reúne de 100 a 200 pessoas, que fizeram seu dever de casa e se agrupam para discutir, analisar e interpretar o livro, o mundo e sua vida. Sempre é um fim de semana de revelação e inspiração.

O livro que estavam estudando era *A crise do dólar*, de Richard Duncan. O livro mostra como chegamos à beira desse precipício de ruína financeira e como a má conduta fiscal construiu uma energia que resultará em uma tempestade monetária de proporções desconhecidas.

Enquanto estudávamos a crise, nuvens negras escureceram a sala, um vento forte castigou as páginas de nossos livros e a chuva bombardeou nossos corpos. Porém, no meio da tempestade, Robert ficou lá, de pé, sozinho, na luz do sol, sem se abalar com o vento, nem se molhar com a chuva.

"Que venha a tempestade", ele gritou, "investidores de verdade não correm da crise. Eles correm em sua direção. Que venha então!"

Foi então que percebi que o senso de pânico que tivéramos era totalmente infundado. A razão pela qual havia luz onde Robert estava e escuridão onde todos os outros se encontravam era o fato de a visão dele ser muito mais clara do que a nossa. Sua clareza de visão estava em um nível completamente distinto em relação aos demais. Ele tinha uma visão que não poderia ser obtida apenas com estudos e conhecimento, mas tão-somente por uma mudança de contexto. Era seu contexto que lhe dava uma percepção diferente das coisas que ainda estavam por vir. E lhe permitia não apenas ver através da escuridão, mas também dissipá-la, inundando seu mundo de luz. Não havia escuridão no lugar em que ele se encontrava porque não havia escuridão em seu mundo.

Foi então que ele me deu um presente verdadeiro: uma mudança de contexto. As nuvens se desfizeram, a chuva cessou e o vento se calou. Foi como se eu tivesse despertado de um tremendo pesadelo. O presente de Robert foi a revelação de que a maior oportunidade da história humana acabara de chegar. Tudo que eu tinha de fazer era estender a mão e agarrá-la.

Conhecimento é poder. É poder que pode ser usado como a armadura de um guerreiro. A verdade pode ser a arma. Uma arma que pode ser desembainhada como uma espada, destruindo a propaganda e a desinformação, desnudando-as para que todos as enxerguem. Armado com essas ferramentas, eu marcho de cabeça erguida pela tempestade, sem medo e com muito entusiasmo.

Agora você também está armado com sabedoria, ao passo que 99% da população se mantêm no conforto que a ignorância permite, vivendo de forma rotineira. Esse conhecimento *empodera* você. Agora você está muito à frente das massas.

Costumo dizer que essa época é como subir no maior ponto de uma montanha-russa e olhar para o vazio lá embaixo. Tanto você pode ficar aterrorizado quanto sentir-se ansioso, ao antecipar o prazer que ainda está por vir.

Bem, um dia, as massas acordarão, finalmente, e descobrirão que também estão na montanha-russa. Apenas não saberão em que ponto se encontram.

Ficarão desorientadas e confusas, e o terror tomará conta delas, enquanto sobem no pico mais alto e dão uma espiada, pela primeira vez, para o imenso vazio à sua frente, prestes a engolfá-las.

À medida que essas pessoas mergulham em direção ao fundo, o mesmo ocorre com os valores das mercadorias, serviços, ações e imóveis e, no pânico, elas correrão para comprar ouro e prata. Quando o público se tornar desesperado nessa busca, o ouro e a prata já terão atingido o pico. E, à medida que a montanha-russa atinge o fundo, o mesmo ocorrerá com o preço das ações e dos imóveis. Ao vender ouro e prata quando as massas o quiserem, a força total da transferência de riqueza estará completa e você terá alcançado êxito.

Mas agora, em vez de estar com a manada, você pode estar à frente do mergulho que ela fará um dia. Com suas novas ferramentas de verdade e conhecimento, seu contexto e sua percepção são outros. O sol brilhará onde você estiver.

Ao longo dos séculos, ouro e prata se autorrevalorizaram e desafiaram as moedas correntes. Com isso, permitem que se faça justiça com o dinheiro fraudulento. Eles – ouro e prata – sempre fizeram isso e vão continuar fazendo.

O desafio recomeçou e não vai parar até que a justiça seja feita.

Isso é tão certo quanto o nascer do sol.

Referências

Sites Educacionais

RichDad.com
GoldSilver.com
Silver-Investor.com
FinancialSense.com
DollarCollapse.com
SilverStockReport.com
GATA.org
LemetropoleCafe.com
ShadowStats.com
NowAndFutures.com
Sharelynx.com
321Gold.com
Gold-Eagle.com
TheBullAndBear.com

SilverStrategies.com
SilverBearCafe.com
GoldSeek.com
SilverSeek.com
MarketOracle.com

Newsletters

Dow Theory Letter: DowTheoryLetters.com
The Morgan Report: Silver-Investor.com
Jay Taylor's gold: MiningStocks.com
Gol Mining Stock Report: GoldMiningStockReport.com

Outros

CPM Group: cpmGroup.com
GFMS: gfms.co.uk
World Gold Council: gold.org
Silver Institute: SilverInstitute.org

Sugestões de Leitura

Os livros a seguir, entre outros, foram utilizados como referência e fonte na elaboração deste livro.

ABCs of Gold Investing, Michael J. Kosares.
A History of Money from Ancient Times to the Present Day, Glyn Davies.
A Monetary History of the United States, 1867-1960, Milton Friedman e Anna Jacobson Schwartz.
Big Fortunes in Gold and Silver, Howard Ruff.
Buy Gold Now, Shayne McGuire.
Buffettology, Mary Buffett e David Clark.
The Case Against the Fed, Murray N. Rothbard.
The Coming Collapse of the Dollar, James Turk e John Rubino.
Crash Proof, Peter Schiff.

REFERÊNCIAS

The Dollar Crisis, Richard Duncan.

Pai Rico: aumente sua inteligência financeira, Robert Kiyosaki.

A profecia do Pai Rico, Robert Kiyosaki.

Secrets of the Temple, Willian Greider.

Silver Bonanza, James U. Blanchard III e Franklin Sanders.

Conheça também os outros livros da série:

PAI RICO: IRMÃO RICO, IRMÃ RICA

Este livro inspirará você ao longo da sua jornada de busca por seu destino, seus propósitos, sua riqueza – financeira e espiritual – e a conquista de todas as bênçãos que estão destinadas a você.

ISBN: 978-85-352-3355-1
PÁGINAS: 264

PAI RICO: DESENVOLVA SUA INTELIGÊNCIA FINANCEIRA

Em um mundo de turbulência financeira, o melhor ativo é seu QI financeiro. Ele é mais valioso do que ouro. Depois de ler este livro, você aprenderá a jogar pelas novas regras do dinheiro, mas, para isso, terá de aumentar sua inteligência financeira e seu QI Financeiro. Descubra como você conseguirá isso lendo este livro.

ISBN: 978-85-352-3119-9
PÁGINAS: 216

NÓS QUEREMOS QUE VOCÊ FIQUE RICO

Em tempos de incerteza econômica, Donald Trump e Robert Kiyosaki, dois titãs dos negócios, uniram forças em um livro que ressalta a necessidade premente de educação financeira.

ISBN: 978-85-352-2372-9
PÁGINAS: 352

MULHER RICA

Neste livro, Kim Kiyosaki mostra às mulheres que elas podem enfrentar qualquer desafio, independentemente de suas origens, nível de instrução ou de quanto dinheiro têm.

ISBN: 978-85-352-2235-7
PÁGINAS: 296

EMPREENDEDOR RICO

Você está cansado de trabalhar duro e não ir em frente? Está pronto para ser seu próprio patrão? ...então este livro é para você.

ISBN: 978-85-352-1959-3
PÁGINAS: 336

PAI RICO EM QUADRINHOS

Este livro é ideal para ensinar como as crianças podem lidar com dinheiro.

ISBN: 978-85-352-1904-3
PÁGINAS: 64

PAI RICO, PAI POBRE PARA JOVENS

Este livro, escrito de forma direta é um guia para o sucesso financeiro pessoal.

ISBN: 978-85-352-1487-1
PÁGINAS: 168

QUEM MEXEU NO MEU DINHEIRO?

Este livro é para as pessoas que querem exercer maior controle sobre seu dinheiro e obter retornos superiores àqueles auferidos pelo investidor médio.

ISBN: 978-85-352-1486-4
PÁGINAS: 248

COMO FICAR RICO

Todos precisam saber como fazer o dinheiro trabalhar a fim de não ter que passar a vida trabalhando por dinheiro. Este livro mostra como fazer conseguir isso.

ISBN: 978-85-352-1359-1
PÁGINAS: 104

HISTÓRIAS DE SUCESSO

Este livro é composto de histórias de sucesso de pessoas que absorveram a sabedoria do Pai Rico e encontraram seu próprio caminho para o sucesso financeiro.

ISBN: 978-85-352-1358-4
PÁGINAS: 248

PROFECIAS DO PAI RICO

Neste livro, Robert Kiyosaki mostra como todos seremos afetados pelas falhas no financiamento das aposentadorias, não importa a idade e o local de residência.

ISBN: 978-85-352-1283-9
PÁGINAS: 264

PAI RICO: O GUIA DE INVESTIMENTOS

Este livro é um guia de longo prazo para quem deseja tornar-se um investidor rico e investir naquilo em que os ricos investem.

ISBN: 978-85-352-0986-0
PÁGINAS: 456

APOSENTADO JOVEM E RICO

Ele livro foi escrito para ajudá-lo a descobrir sua própria liberdade financeira, liberdade do trabalho penoso de ganhar a vida.

ISBN: 978-85-352-1099-6
PÁGINAS: 360

PAI RICO, PAI POBRE

O objetivo deste livro é o de partilhar percepções quanto à maneira como uma maior inteligência financeira pode ser empregada para resolver muitos dos problemas comuns da vida.

ISBN: 978-85-352-0623-4
PÁGINAS: 192